Problemas da literatura infantil

Problemas da literatura infantil

Cecília Meireles

Coordenação Editorial
André Seffrin

Apresentação
Laura Sandroni

© Condomínio dos Proprietários dos Direitos Intelectuais
de Cecília Meireles
Direitos cedidos por Solombra – Agência Literária
(solombra@solombra.org)

4ª Edição, Global Editora, São Paulo 2016
1ª Reimpressão, 2024

Jefferson L. Alves – diretor editorial
Gustavo Henrique Tuna – editor assistente
André Seffrin – coordenação editorial, estabelecimento de texto e cronologia
Flávio Samuel – gerente de produção
Flavia Baggio – assistente editorial e revisão
Fernanda Bincoletto – revisão
Tathiana A. Inocêncio – projeto gráfico
Marcelo Girard – capa
Africa Studio/Shutterstock – foto de capa

A Global Editora agradece à Solombra – Agência Literária pela gentil cessão dos direitos de imagem de Cecília Meireles.

CIP-BRASIL. CATALOGAÇÃO NA PUBLICAÇÃO
SINDICATO NACIONAL DOS EDITORES DE LIVROS, RJ

M454p
4. ed.
   Meireles, Cecília, 1901-1964
     Problemas da literatura infantil / Cecília Meireles; coordenação André Seffrin. – 4. ed. – São Paulo: Global, 2016. 95 p.

   ISBN 978-85-260-2253-9

   1. Literatura infantojuvenil – História e crítica. I. Seffrin, André. II. Título.

15-28905   CDD: 809.89282
                                                          CDU: 087.5

Obra atualizada conforme o
NOVO ACORDO ORTOGRÁFICO DA LÍNGUA PORTUGUESA

Global Editora e Distribuidora Ltda.
Rua Pirapitingui, 111 – Liberdade
CEP 01508-020 – São Paulo – SP
Tel.: (11) 3277-7999
e-mail: global@globaleditora.com.br

 grupoeditorialglobal.com.br   @globaleditora

 /globaleditora   @globaleditora

 /globaleditora   /globaleditora

 blog.grupoeditorialglobal.com.br

Direitos reservados.
Colabore com a produção científica e cultural.
Proibida a reprodução total ou parcial desta
obra sem a autorização do editor.

Nº de Catálogo: **3850**

Sumário

Cecília, poeta e educadora – *Laura Sandroni*   9

Explicação prévia – Cecília Meireles   13

Literatura Geral e Infantil   14

O livro infantil   16

O livro que a criança prefere   18

Panorama da Literatura Infantil   21

Da literatura oral à escrita   29

Antes do livro infantil   32

O exemplo moral   35

Algumas experiências   39

Permanência da literatura oral   45

Aspectos da Literatura Infantil   51

O livro não infantil e infantil   57

Alice no País das Maravilhas   62

Outros livros   67

Como fazer um bom livro infantil   71

Influência das primeiras leituras   74

Mas os tempos mudam   77

Onde está o herói?   80

Bibliotecas Infantis   82

Crise da Literatura Infantil   85

Cronologia   89

Cecília, poeta e educadora

Problemas da Literatura Infantil é um livro marcante que veio para ficar. Publicado em 1951, reúne três conferências que Cecília Meireles fez em Belo Horizonte a convite da Secretaria de Educação. Dividido em capítulos curtos, abrange a história da literatura voltada para crianças, com aquelas histórias que agradaram e por isso permaneceram.

Despertada cedo em Cecília Meireles, a vocação de educadora é a faceta hoje menos conhecida de sua múltipla personalidade. Ela mesma nos conta como tudo começou:

> Sempre gostei muito de livros e, além dos livros escolares, li os de histórias infantis e os de adultos: mas estes não me pareciam tão interessantes, a não ser, talvez, *Os três mosqueteiros*, numa edição monumental, muito ilustrada, que fora de meu avô. Aquilo era uma história que não acabava nunca; e acho que esse era o seu principal encanto para mim. Descobri o Dicionário, uma das invenções mais simples e mais formidáveis e também achei que era um livro maravilhoso, por muitas razões.
>
> [...] O meu interesse pelos livros transformou-se numa vocação de magistério. Minha mãe tinha sido professora primária, e eu gostava de estudar em seus livros. Desses velhos livros de família, as gramáticas, sobretudo a latina e a italiana, me seduziam muito. Assim também as partituras e livros de música.[1]

---

1 MEIRELES, Cecília. Notícia biográfica. In: _____. *Obra poética*. Rio de Janeiro: Nova Aguilar, 1958. p. LXXIII

Admitia não saber quando começou a escrever literatura, mas possuía "uma visão da vida através da palavra" – e isso, desde o princípio, desde as primeiras histórias ouvidas, das primeiras cantigas, dos primeiros brinquedos. Recordou-se certa vez:

> Quando eu ainda não sabia ler, brincava com livros, e imaginava-os cheios de vozes, contando o mundo. Sempre me foi muito fácil compor cantigas para os brinquedos; e, desde a escola primária, fazia *versos* – o que não quer dizer que escrevesse *poesia*.[2]

Educadora por vocação desde que se diplomou, Cecília Meireles exerceu o magistério ao mesmo tempo que se preocupava com tudo relacionado à infância. Com a revolução de 1930, nasceu no Brasil um movimento destinado a reformular a Educação. Cecília empenhou-se ativamente nessa renovação ao editar, no *Diário de Notícias*, de junho de 1930 a janeiro de 1933, uma página diária dedicada à Educação.

A página continha uma coluna assinada, intitulada "Comentários", na qual a educadora detinha-se sobre os temas mais importantes do momento, com a seriedade e o conhecimento de causa que a caracterizavam. A seguir um trecho de uma de suas primeiras colaborações no jornal:

> Todos os dias se repete que a criança é o futuro cidadão e que a escola é o vestíbulo da vida. Mas não é bastante dizê-lo. Faz-se mister senti-lo profundamente e integrar esse sentir na própria personalidade; agir todos os dias no sentido de dar uma realidade positiva a essas convicções subjetivas.[3]

---

2 Ibidem. p. LXXIV.
3 Idem. Rio de Janeiro, *Diário de Notícias*, jun. 1930. Comentários.

Em outro momento:

> Nós somos a saudade de nossa infância, e vivemos dela, alimentando-nos do seu mistério e da sua distância. Creio que são eles, unicamente, que nos sustentam a vida com a essência da sua esperança.[4]

Em 1935 foi nomeada professora de literatura luso--brasileira e, em seguida, de técnica e crítica literária na Universidade do Distrito Federal, onde lecionou até 1938. Retornou ao jornalismo na década de 1940, em *A Manhã*, com uma coluna semanal sobre folclore, outro de seus grandes interesses. E em 1950 volta ao *Diário de Notícias*, assinando um rodapé de crítica no suplemento literário.

No capítulo intitulado "Da literatura oral à escrita", Cecília lembra que o ato de contar histórias é remoto e exigia do narrador o talento interpretativo – a imaginação, a voz, a capacidade de representar. Ainda hoje os contadores de história são indispensáveis para as crianças pequenas. A eles devemos a permanência de contos como os de *As mil e uma noites*, de origem persa e hindu, um dos maiores tesouros da literatura universal.

No capítulo intitulado "Permanência da literatura oral", Cecília observa que, sendo diversa em cada país, é a mesma no mundo todo, e, ao receber o prêmio Nobel, em 1909, lembra que:

> a grande escritora Selma Lagerlöf, cuja obra é tão nutrida pelas velhas tradições suecas, inventa uma pequena lenda: a das suas dívidas, – as dívidas morais para com aqueles que a ajudaram na sua formação. Formação humana e literária que viera a ser coroada por aquele prêmio.[5]

---

4   Ibidem.
5   Idem. Permanência da literatura oral. In: _____. *Problemas da Literatura Infantil*. São Paulo: Global, 2016. p. 47.

No capítulo intitulado "O livro não infantil e infantil" fala de alguns títulos que "não tinham apenas o objetivo de entreter a criança, ou de transmitir-lhe noções morais. Muitos visavam, propriamente, transmitir, de maneira suave, os conhecimentos necessários às várias idades."[6] E observa três aspectos na Literatura Infantil: o moral, o instrutivo e o recreativo.

Em um dos capítulos finais deste *Problemas da Literatura Infantil*, Cecília nos fala da importância das bibliotecas infantis pois não existem "mais amas nem avós que se interessem pela doce profissão de contar histórias".[7] Cecília nada diz sobre sua atuação na área mas ela criou, instalou e dirigiu a primeira biblioteca infantil do Rio de Janeiro, em 1934. Ficava no antigo pavilhão Mourisco, no fim da praia de Botafogo. Além dos títulos existentes na época, havia uma seção de recortes de jornais e revistas muito bem organizada, à disposição das crianças, e lá estava Cecília atendendo a todos.

Mas é a poesia que escreveu para crianças que torna Cecília Meireles conhecida e querida junto ao público infantil. Refiro-me principalmente a *Ou isto ou aquilo*, obra-prima da Literatura Infantil brasileira. Cada um de seus poemas cria uma nova visão de mundo, sempre por meio de jogos verbais, sons e ritmos que se alternam em rimas originais. O pitoresco, a emoção, a situação próxima da vivência infantil, a palavra instigante são os fios com que Cecília tece seus versos simples e belos, com o raro dom de agradar a crianças e adultos.

Laura Sandroni

---

6   Idem. O livro não infantil e infantil. Ibidem. p. 58.
7   Idem. Bibliotecas Infantis. Ibidem. p. 82.

Explicação prévia

O presente volume abrange três conferências proferidas em Belo Horizonte, no Curso de Férias promovido pela Secretaria da Educação, em janeiro de 1949, sobre Literatura Infantil. Solicitada para dar forma escrita a essas palestras, preferiu a autora refundi-las, aproveitando a oportunidade para desenvolver alguns pontos que apenas havia aflorado na exposição oral, e multiplicar alguns exemplos, para maior nitidez de certas alusões.

Assim, se o espírito daquelas conferências permanece o mesmo, a disposição da matéria conformou-se à apresentação escrita, embora, tanto quanto possível, fiel ao próprio desenvolvimento da exposição oral.

Não se pretendeu aqui dar solução aos inúmeros problemas da Literatura Infantil. Pretendeu-se apenas insistir sobre a sua importância e alguns dos seus variados aspectos.

Se em tal assunto pudesse a autora exprimir alguma aspiração, talvez fosse a da organização mundial de uma Biblioteca Infantil, que aparelhasse a infância de todos os países para uma unificação de cultura, nas bases do que se poderia muito marginalmente chamar um "humanismo infantil". Na esperança de que, se todas as crianças se entendessem, talvez os homens não se hostilizassem.

Isto, porém, não passa de uma aspiração, nestas páginas. Fora do outono certo, nem as aspirações amadurecem. Mas, entre todos os tempos, ainda é permitido servir. A autora agradece a oportunidade deste pequeno serviço.

CECÍLIA MEIRELES (1951)

Literatura Geral e Infantil

Sempre que uma atividade intelectual se manifesta por intermédio da palavra, cai, desde logo, no domínio da Literatura. A Literatura, porém, não abrange, apenas, o que se encontra escrito, se bem que essa pareça a maneira mais fácil de reconhecê-la, talvez pela associação que se estabelece entre "literatura" e "letras". A palavra pode ser apenas pronunciada. É o fato de usá-la, como forma de expressão, independente da escrita, o que designa o fenômeno literário. A Literatura precede o alfabeto. Os iletrados possuem a sua Literatura. Os povos primitivos, ou quaisquer agrupamentos humanos alheios ainda às disciplinas de ler e escrever, nem por isso deixam de compor seus cânticos, suas lendas, suas histórias; e exemplificam sua experiência e sua moral com provérbios, adivinhações, representações dramáticas – vasta herança literária transmitida dos tempos mais remotos, de memória em memória e de boca em boca.

Essa é a Literatura oral que, quando se escreve, é como registro folclórico. Registro que não impede a continuação da sua vida sob aquela forma que lhe é própria, e na qual sofre as transformações que os homens e os tempos lhe vão imprimindo, sem a corromperem.

Esta digressão sobre a Literatura considerada em seus dois vastos aspectos – o escrito e o oral – permite uma pergunta: "A Literatura Infantil faz parte dessa Literatura Geral?" Pergunta a que se poderiam acrescentar mais estas: "Existe uma Literatura Infantil?" "Como caracterizá-la?"

Evidentemente, tudo é uma Literatura só. A dificuldade está em delimitar o que se considera como especialmente do âmbito infantil.

São as crianças, na verdade, que o delimitam, com a sua preferência. Costuma-se classificar como Literatura Infantil o que para elas se escreve. Seria mais acertado, talvez, assim classificar o que elas leem com utilidade e prazer. Não haveria, pois, uma Literatura Infantil *a priori*, mas *a posteriori*.

A confusão resulta de propormos o problema no momento em que já se estabeleceu uma "Literatura Infantil", uma especialização literária visando particularmente os pequenos leitores. Mais do que uma "Literatura Infantil" existem "livros para crianças". Classificá-los dentro da Literatura Geral é tarefa extremamente árdua, pois muitos deles não possuem, na verdade, atributos literários, a não ser os de simplesmente estarem escritos. Mas o equívoco provém de que se a arte literária é feita de palavras, não basta juntar palavras para se realizar obra literária.

Para chegarmos, pois, ao centro da questão, temos de remover o obstáculo do "livro infantil", que, no estado atual, perturba a dissertação e a classificação.

O livro infantil

A história do livro infantil é relativamente recente. E ainda assim é preciso esclarecer de que livro se está falando, pois nessa categoria se incluem os livros de aprender a ler, e as séries de leituras graduadas que os completam; os livros das diferentes disciplinas escolares; os livros que não são utilizados na aprendizagem formal, e se caracterizam mais como de recreação. Naturalmente, os livros sem palavras, os chamados "álbuns de gravuras", destinados aos pequeninos, e que representam uma comunicação visual – pelo desenho – anterior às letras, são também casos especiais.

Os livros de aprender a ler e as histórias que imediatamente se seguem, como aplicação da leitura, podem, excepcionalmente, possuir interesse literário, por um milagre do autor. Pois, como o que se tem em vista é o exercício da linguagem, e a obediência a estas ou àquelas recomendações pedagógicas, o texto fica mais ou menos na dependência desse mecanismo, sem grandes possibilidades para a imaginação. Mas haverá bem-aventurados que consigam, pela associação feliz de pequenas e poucas palavras, sugerir mundos de prazer espiritual e de alto exemplo que façam dessas modestas obras valiosos exemplos de Literatura Infantil.

O mesmo pode ocorrer com os chamados "livros de texto". Não é de sua natureza serem mais do que obras "didáticas": redação literária de uma comunicação instrutiva, dentro de um programa determinado.

Mas nem sempre é fácil estabelecer nítidas distinções, nesse terreno, porquanto, por evolução da Pedagogia, e tendo em vista, precisamente, tornar o estudo agradável, o livro didático tem adotado estilos e procurado temas que quase o transformam em livros de histórias maravilhosas. O que deixa a alguns desconfiados de tanta amenidade, e sem saberem se o estudo facilitado destes últimos tempos não tem perdido muito da sua seriedade, e se o livro não vai assumindo, aos olhos da criança, a feição de uma bola de gude...

O livro que a criança prefere

Uma simples questão de estilo poderia, a princípio, parecer suficiente para a caracterização dos livros infantis. Seriam livros simples, fáceis, ao alcance da criança... Como se o mundo secreto da infância fosse, na verdade, tão fácil, tão simples...

Mas um estilo a que corresponda também certo conteúdo... Fatos ao alcance da criança, e dos quais decorram consequências ou ensinamentos que o adulto julga interessantes para ela.

De modo que, em suma, o "livro infantil", se bem que dirigido à criança, é de invenção e intenção do adulto. Transmite os pontos de vista que este considera mais úteis à formação de seus leitores. E transmite-os na linguagem e no estilo que o adulto igualmente crê adequados à compreensão e ao gosto do seu público.

Nessas condições, qualquer tema, de suficiente elevação moral, exposto em forma singela e correta pode transformar-se num livro infantil. E é o que na maioria dos casos tem acontecido.

Uma das complicações iniciais é saber-se o que há, de criança, no adulto, para poder comunicar-se com a infância, e o que há de adulto, na criança, para poder aceitar o que os adultos lhe oferecem. Saber-se, também, se os adultos sempre têm razão, se, às vezes, não estão servindo a preconceitos, mais que à moral; se não há uma rotina, até na Pedagogia; se a criança não é mais arguta, e sobretudo mais poética do que geralmente se imagina...

Por isso, em lugar de se classificar e julgar o livro infantil como habitualmente se faz, pelo critério comum da opinião dos adultos, mais acertado parece submetê-lo ao uso – não estou dizendo a crítica – da criança, que, afinal, sendo a pessoa diretamente interessada por essa leitura, manifestará pela sua preferência, se ela a satisfaz ou não.

Pode até acontecer que a criança, entre um livro escrito especialmente para ela e outro que o não foi, venha a preferir o segundo. Tudo é misterioso, nesse reino que o homem começa a desconhecer desde que o começa a abandonar.

Quem pudesse crescer sem perder a memória da infância, sem esquecer a sensibilidade que teve, a claridade que cintilava dentro da sua ignorância, e os seus embarques por essas auroras de aventuras que se abriam nas páginas dos livros!

Talvez a ciência pedagógica não diga tudo, se não for animada por um sopro sentimental, que a aproxime do lirismo da vida quando apenas começa; desse lirismo que os homens, com o correr do tempo, ou perdem, ou escondem, cautelosos e envergonhados, como se o nosso destino não fosse o sermos humanos, mas práticos.

Pode-se chegar a determinar como seria um livro adequado às crianças. Seria um grande alívio, obter-se tão sábia receita. Mas poderia acontecer que o leitor se desinteressasse por esse livro sob medida, trocando-o por outros, tidos por menos recomendáveis.

O fato de a criança tomar um livro nas mãos, folheá-lo, passar os olhos por algumas páginas não deve iludir ninguém. Há mil artifícios e mil ocasiões para a tentativa de captura desse difícil leitor. São os aniversários, são as festas, são as capas coloridas, são os títulos empolgantes, são as abundantes gravuras...

Ah! tu, livro despretensioso, que, na sombra de uma prateleira, uma criança livremente descobriu, pelo qual se encantou, e, sem figuras, sem extravagâncias, esqueceu as horas, os companheiros, a merenda... tu, sim, és um livro infantil, e o teu prestígio será, na verdade, imortal.

Pois não basta um pouco de atenção dada a uma leitura para revelar uma preferência ou uma aprovação. É preciso que a criança viva a sua influência, fique carregando para sempre, através da vida, essa paisagem, essa música, esse descobrimento, essa comunicação...

Só nesses termos interessa falar de Literatura Infantil. O que a constitui é o acervo de livros que, de século em século e de terra em terra, as crianças têm descoberto, têm preferido, têm incorporado ao seu mundo, familiarizadas com seus heróis, suas aventuras, até seus hábitos e sua linguagem, sua maneira de sonhar e suas glórias e derrotas.

Nem há que temer o livro impróprio senão quando se apresenta como um potencial arrasador, difundido com veemência, e tão ajustado à época que o produz como se fosse o seu evangelho. Ainda neste caso, só as boas, as grandes, as eternas leituras poderão atenuar ou corrigir o perigo a que se expõe a criança na desordem de um mundo completamente abalado, e em que os homens vacilam até nas noções a seu próprio respeito.

A Literatura não é, como tantos supõem, um passatempo. É uma nutrição. A Crítica, se existisse, e em relação aos livros infantis, deveria discriminar as qualidades de formação humana que apresentam os livros em condições de serem manuseados pelas crianças. Deixando sempre uma determinada margem para o mistério, para o que a infância descobre pela genialidade da sua intuição.

Panorama da Literatura Infantil

Os livros que hoje constituem a "biblioteca clássica" das crianças foram selecionados por elas. Muitos não traziam, inicialmente, esse destino; outros, que o traziam, foram postos de lado, esquecidos. Ainda outros, envelheceram: serviam ao leitor de uma época, não ao de todas as épocas. Faltava-lhes eternidade. E, para a criança, como para o adulto, a eternidade é um sonho inconfessado mas vigilante, se não em termos divinos, pelo menos em humanos: reconhecer a continuidade do nosso destino na Terra; sentir perpetuada esta interminável família humana, aconchego semelhante ao da enumeração bíblica, em que nos encontramos idênticos, desde sempre, para sempre, em nossas fraquezas e virtudes.

Hoje, vemos por toda parte as brilhantes cores dos livros infantis atraindo leitores que antecipadamente vibram com as histórias ainda ocultas por detrás dessas vistosas figuras. Diríamos que tudo é novo, que os livros infantis se multiplicaram imensamente... Mas aos poucos vemos que muitas dessas narrativas nos são há muito familiares, apenas um pouco desfiguradas, às vezes, pela redação ou a apresentação. Haverá narrativas novas. Inspiradas muito de perto noutras que conhecemos. Haverá mais novas ainda, atuais e originais. Destas, a criança escolherá as que vão perdurar; as que se vão incorporar àquele tesouro que vem de longe. Outras, desaparecerão suavemente, depois de viverem seu precário momento, apesar de tantas cores, tantas ilustrações; às vezes, tanta propaganda, e até da animadora venda de algumas edições.

Os livros que mais têm durado não dispunham de tamanhos recursos de atração. Neles, era a história, realmente, que seduzia, – sem publicidade, sem cartonagens vistosas, sem os mil recursos tipográficos que hoje solicitam adultos e crianças fascinando-os antes de se declararem, como um amor à primeira vista...

Tudo isso são atrações recentes. Livros assim, nem os que antigamente se distribuíam como prêmios, e cujo luxo todo consistia em algumas gravuras, encadernação de percalina, com discreto arabesco, e as beiras das páginas douradas.

Ainda no fim do século passado, como se pode ver na biblioteca familiar, dois autores disputavam a predileção das crianças: Mme. de Ségur e Júlio Verne. Vinham de longe, contavam coisas deliciosas: salões diferentes, nomes desconhecidos, festas inesquecíveis, viagens, ah! viagens verdadeiramente fabulosas.

Como se tudo isso não fosse suficiente, a esses livros encantados se acrescentavam as emoções do dia de recebê-los: palanques floridos, encerramento de aulas, hinos cívicos, nome na lista dos prêmios, dedicatórias, aniversários, mesas de doce, Natal, roupa nova, maravilhosos sapatos transbordantes de presentes...

Na sua evocação dos dias escolares, n'*O Ateneu*, Raul Pompeia, citava, em 1888, alguns autores mais: o cônego Schmid, Swift, e o redator das *Aventuras do Barão de Münchhausen*.

Os livros de História Sagrada misturavam seus milagres a essas narrativas humanas. Sobre as estampas cristãs vemos curvar-se a cabeça de Rui Barbosa, ao lado de sua irmãzinha, sentado à mesa da sala de jantar, nesse aconchego da família brasileira há cerca de cem anos...

Vemos outros autores. Vemos, por exemplo, esse fantástico Alexandre Dumas, cujas obras Medeiros e Albuquerque, entre menino e moço, devorou todas, avidamente, – tão irresistível era o poder das aventuras desses mosqueteiros, das intrigas desses fidalgos, dos segredos dessas princesas, da etiqueta desses palácios...

O século XIX, no Brasil, oferece já um panorama variado de leituras infantis. Mas o mesmo não se pode dizer dos séculos anteriores. A incipiente instrução dos tempos coloniais era impedimento natural ao uso de livros, principalmente dessa espécie. Pelo menos do seu uso generalizado. A leitura não era uma conquista popular.

Mas a Europa, pela mesma época, já possuía livros que só mais tarde viemos a conhecer. Uns, tinham sido escritos especialmente para certos leitores, e depois se divulgaram; outros, foram desde o princípio pensados para todas as crianças. Assim, se La Fontaine deu a velhas fábulas a forma incomparável do livro destinado ao Delfim de França, os *Contos de Perrault* e os de Mme. d'Aulnoy foram recolhidos da tradição popular como quem salva um tesouro para todas as crianças do mundo.

Entre os séculos XVII e XVIII, já tinham aparecido o *Robinson Crusoé*, de Defoe, e *As viagens de Gulliver*, de Swift, que não eram livros infantis, bem como as *Aventuras do Barão de Münchhausen*. E um outro livro fora escrito, cujo destino seria brilhar cerca de três séculos, e exercer sua influência em mais de um povo: *As aventuras de Telêmaco*, que Fénelon compusera para o duque de Borgonha, segundo Delfim de França, neto de Luís XIV.

Desses livros, e de outros mais, temos notícia pelas próprias edições, pelos prefácios tão explicativos de seus autores, e por alguns leitores antigos, que anotaram, com suas recordações de infância, as de suas primeiras leituras.

Assim, há cerca de dois séculos, o menino Goethe entretinha-se com coleções de fábulas e mitologias; com as

Metamorfoses de Ovídio; deliciava-se com as doces impressões causadas pelas *Aventuras de Telêmaco*, lia o *Robinson Crusoé*, percorria esses "restos da Idade Média", como diz o poeta, que são o *Eulenspiegel, Os quatro filhos de Haimão, A bela Melusina, O Imperador Otaviano, A bela Magalona, Fortunato,* – literatura que até hoje perdura (a chamada "literatura de cordel" – por aparecer em pequenos cadernos, que se expõem à venda a cavalo em barbantes estendidos, geralmente à porta de engraxates), sempre tão apreciada pelo povo, especialmente na província. A esses livros, acrescentava Goethe o *Orbis Pictus*, de Comenius, enciclopédia ilustrada que vinha dos meados do século XVII, e que era, de todos os livros citados, o único realizado com intenção educativa, e de autoria de um pedagogo famoso.

As aventuras de Telêmaco, a cujas doces impressões se refere Goethe, se bem que escritas por um prelado – ou por isso mesmo – sofreram, como se sabe, uma vasta campanha de difamação. Nem por isso deixaram de exercer sua influência benéfica na formação do gosto de seus inúmeros leitores – pois bem se pode dizer que esse foi o livro clássico de leitura infantojuvenil até o século XIX, na França e até no estrangeiro. Um desses leitores, Renan, cujo estilo, por sua vez, iria influenciar tão grande público, não se furtou a declarar a fascinação experimentada com o seu convívio:

> *Le Télémaque était le seul livre léger qui fût entre mes mains, et encore dans une édition òu ne se trouvait pas l'épisode d'Eucharis, si bien que je n'ai connu que plus tard ces deux ou trois adorables pages. Je ne voyais l'antiquité que par Télémaque et Aristonoüs. Je m'en réjouis. C'est là que j'ai appris l'art de peindre la nature par des traits moraux. Jusqu'en 1865, je ne me suis figure l'ile de Chio que par ces trois mots de Fénelon: "l'ile de Chio, fortuné patrie d'Homère". Ces trois mots, harmonieux et rythmés, me semblaient une peinture accomplie, et, bien qu' Homère né soit*

pas né à Chio, que peut-être il ne soit né nulle part, ils me représentaient mieux la belle... ile grecque que tous les entassements de petits traits matériels.[1]

Daqui e dali, pelo passado, vamos encontrando notícias de outras leituras. As de Hans Christian Andersen, por exemplo, o adorável escritor que deveria ser, por sua vez, um dos mais queridos autores infantis. Com que amor se referia ele à pobre mas poética infância que lhe tocou viver! Frequentemente, o pai lia, de noite, em voz alta trechos da Bíblia, para a família. Mas lia, também, trechos de La Fontaine, de Holberg ou das *Mil e uma noites*. Um dia, também, o menino, graças a umas vizinhas, veio a ter notícia de Shakespeare. Grande acontecimento, na verdade. O gosto pelo teatro, que possuía por natureza, pois desde muito cedo se ocupara de teatro de bonecos, as sugestões de Shakespeare e a linguagem da Bíblia originaram – segundo ele próprio conta – uma das suas primeiras tragédias, – composição infantil de grandes rasgos...

Não é sem interesse esta informação de Andersen, sobre a sua segunda peça teatral: desejando pôr em cena um rei, não sabia como fazê-lo falar. Pois, na sua opinião, os reis deviam ter uma linguagem própria, talvez um idioma especial... Nem compreendia que Shakespeare não houvesse pensado nisso... Indagou dos conhecidos. Mas ninguém, entre os que interrogava – boa gente

---

1 "O *Telêmaco* foi o único livro leve que tive em mãos e ainda numa edição na qual não havia o episódio de Eucharis, de forma que só conheci mais tarde estas duas ou três páginas adoráveis. Eu só via a Antiguidade através de Telêmaco e Aristonoüs. Eu me encantava. Foi ali que aprendi a arte de pintar a natureza, através dos traços morais. Até 1865, só imaginava a ilha de Chio através destas três palavras, de Fénelon: A ilha de Chio, pátria afortunada de Homero. Estas três palavras, harmoniosas e ritmadas me pareciam uma pintura completa, e apesar de Homero não ter nascido em Chio, como talvez não tenha nascido em parte alguma, elas me evocavam melhor a bela... ilha grega do que todos os amontoados de pequenos traços materiais." (N. E.)

da aldeia – jamais ouvira falar um rei... Então, com a ajuda de um dicionário poliglótico, organizou Andersen frases compostas de palavras dinamarquesas, inglesas, francesas, alemãs, – antecipação do volapuk e do esperanto... – *"Guten Morgen, mon père, har De godt sleeping?"* (Eis uma criança em plena liberdade de sonho!).

Por essa mesma época, Lincoln, menino, lia com profundo interesse uma *Vida de Washington*, e Augustin Thierry, inspirado numa página de Chateaubriand, começava a sentir sua vocação pelos estudos históricos...

Curiosas, essas antigas leituras! Curiosas, essas antigas crianças! Mme. Roland, embebida nas *Vidas ilustres*, de Plutarco; Rousseau, entusiasmado com os episódios romanescos de *L'Astrée*, o livro de Honoré d'Urfé, que foi a grande moda do século XVII, e do qual dizia também La Fontaine:

> *Étant petit garçon, je lisais son roman,*
> *Et je le lis encore, ayant la barbe grise.*[2]

Eis, em duas linhas do poeta, a definição de um livro que servia à vida toda de um homem daquele tempo, da infância à velhice.

No passado, é comum verem-se livros usados indistintamente pelos adultos e pelas crianças. Como Goethe, e apesar da distância de dois séculos, é Ovídio um dos primeiros autores lidos por Montaigne. Vale a pena ouvir essa voz antiga, contando-nos suas primeiras experiências:

> *Le premier goust que j'eus aux livres, il me vient du plaisir des fables de la Metamorphose d'Ovide: car environ*

---

2 "Sendo menino, lia seu romance,
   E ainda o leio, tendo a barba grisalha." (N. E.)

l'aage de 7 ou 8 ans, je me desrobois de tout aultre plaisir pour les lire; d'autant que cette langue estoit la mienne maternelle, et que c'estoit le plus aysé livre que je cogneusse, et le plus accomodé à la foiblesse de mon aage, à cause de la matière: car des Lancelot du Lac, des Amadis, des Huons de Bordeaux, et tels fatras de livres à quoy l'enfance s'amuse, je n'en cognoissoys pas seulement le nom ny ne foys encores le corps...[3]

Pela confissão, verifica-se que os meninos contemporâneos de Montaigne liam *Lancelote do Lago*, o *Amadis* e outros romances de cavalaria, tão divulgados, aliás, anteriormente que, para ridicularizá-los e combatê-los, Cervantes teria de escrever o imortal *Dom Quixote...*

Transpondo-se a data da invenção da imprensa, chega-se à Idade Média, aos copistas, aos livros manuscritos, à cultura limitada a um certo número de privilegiados. Época das grandes complicações de histórias vindas de toda parte: cruzados, viajantes, mercadores, filósofos, monges recolhem lendas piedosas, proezas militares, ensinamentos morais, aventuras estranhas, casos curiosos e engraçados ocorridos em lugares exóticos. Recolhem-nas na memória ou por escrito. E da Pérsia, do Egito, da Índia, da Arábia caminham para longe e espalham-se pelos quatro cantos do mundo narrativas que se encontram com as de outros povos, que se reconhecem, às vezes, em suas semelhanças, completam-se, acrescentam-se, confundem-se,

---

3 "Meu primeiro gosto pelos livros me veio do prazer das fábulas das *Metamorfoses* de Ovídio: pois, mais ou menos entre meus 7 e 8 anos, renunciava a todos os outros prazeres para lê-las; principalmente porque sua língua era minha língua materna e porque era o livro mais fácil que eu conhecia e o mais conveniente à fragilidade de minha idade por causa de seu assunto: pois dos *Lancelotes do Lago*, dos *Amadis*, dos *Huons de Bordeaux* e de similares amontoados de livros que divertem a infância, eu às vezes não conhecia nem o nome, nem o texto..." (N. E.)

refundem-se e continuam, interminavelmente a circular... Em albergues, conventos, pousos, caravançarás, as horas de descanso enriquecem-se de conversas que arrastam a experiência do mundo e a sabedoria dos povos, sob a forma dessas composições orais, tradicionalmente repetidas, e ouvidas sempre com encanto e convicção.

Da literatura oral à escrita

O ofício de contar histórias é remoto. Em todas as partes do mundo o encontramos: já os profetas o mencionam. E por ele se perpetua a literatura oral, comunicando de indivíduo a indivíduo e de povo a povo o que os homens, através das idades, têm selecionado da sua experiência como mais indispensável à vida.

Porque essa literatura primitiva começa por ser utilitária. A princípio, utiliza a própria palavra como instrumento mágico. Serve-se dela como elemento do ritual, compelindo a Natureza, por ordens ou súplicas, louvores ou encantações, a conceder-lhe o que mais importa, segundo as circunstâncias, ao bem-estar humano.

O valor estético vem acrescentar-se, depois, como acessório ao primeiro valor, de interesse imediato. Pedir, ordenar, suplicar, louvar – é o essencial. Saber fazê-lo concorre para favorecer o benefício. E implica, também, uma especialização. Escolhem-se os mais aptos para o ofício, como quem diz: uma seleção profissional. A boa memória, o talento interpretativo e inventivo, – a imaginação, a mímica, a voz, toda uma arte de representar – a capacidade de utilizar oportunamente o repertório fazem dos contadores de histórias, ainda hoje, personagens indispensáveis a determinados ambientes. Basta ver, infelizmente, o êxito social dos grandes contadores de anedotas...

Mas, na verdade, quando se pensa nessas monumentais coleções das *Mil e uma noites*, do *Pantchatantra*, e muitas outras, que salvaram do esquecimento lendas, histórias, fábulas, canções, adivinhações, provérbios... não se pode deixar de sentir uma profunda admiração por esses narradores anônimos que com a disciplina da sua memória e da sua palavra salvaram do esquecimento uma boa parte da educação da humanidade.

Um dia, o Ocidente procurou repetir essa lição, por escrito: Charles Perrault, Mme. d'Aulnoy, os irmãos Grimm e outros coligiram narrativas que encontraram ainda sob a forma oral, entre a gente do povo, para que perdurassem escritas, quando o último narrador houvesse desaparecido.

Não há quem não possua, entre suas aquisições da infância, a riqueza das tradições, recebidas por via oral. Elas precederam os livros, e muitas vezes os substituíram. Em certos casos, elas mesmas foram o conteúdo desses livros.

O negro na sua choça, o índio na sua aldeia, o lapão metido no gelo, o príncipe em seu palácio, o camponês à sua mesa, o homem da cidade em sua casa, aqui, ali, por toda parte, desde que o mundo é mundo, estão contando uns aos outros o que ouviram contar, o que lhes vem de longe, o que serviu a seus antepassados, o que vai servir a seus netos, nesta marcha da vida.

Conta-se e ouve-se para satisfazer essa íntima sede de conhecimento e instrução que é própria da natureza humana. Enquanto se vai contando, passam os tempos do inverno, passam as doenças e as catástrofes, – como nos contos do *Decameron* – chegam as imagens do sonho, – como quando as crianças docemente descaem adormecidas.

O gosto de contar é idêntico ao de escrever – e os primeiros narradores são os antepassados anônimos de todos os escritores. O gosto de ouvir é como o gosto de ler. Assim, as bibliotecas, antes de serem estas infinitas estantes, com as vozes presas dentro dos livros, foram vivas e humanas, rumorosas, com gestos, canções, danças entremeadas às narrativas.

As conquistas da imprensa não inutilizaram por completo o ofício de narrador. Por toda parte ele se mantém, e a cada instante reaparece, por discreta que seja a sua atuação. Antes de todos os livros, ele continua presente nas manifestações incansáveis da literatura tradicional: na canção de berço que a mãe murmura para seu filho; nas histórias que mães, avós, criadas aos pequenos ouvintes transmitem; nas falas dos jogos, nas parlendas, nas cantigas e adivinhas com que as próprias crianças se entretêm umas com as outras, muito antes da aprendizagem da leitura.

Por isso, quando ainda não havia bibliotecas infantis, não era tão grande e sensível a sua falta; o convívio humano as substituía. Tempos em que a família, aconchegada, criava um ambiente favorável à formação da criança.

O livro vem suprir essas ausências. Tudo quanto se aprendia por ouvir contar, hoje se aprende pela leitura. E, examinando-se boa parte dos livros – ainda os melhores – que as crianças utilizam, aí encontramos as histórias da carochinha que pertencem ao tesouro geral da humanidade: as *Mil e uma noites*, as grandes narrativas que embalaram a antiguidade, como essa do Marinheiro Sindbad, – os contos que Perrault, Mme. d'Aulnoy, os irmãos Grimm recolheram, histórias vindas de outras coleções, fragmentos de epopeias, – tudo se comprime nesses livros, aproximando tempos e países, permitindo o convívio unânime dos povos, em poucos volumes...

Antes do livro infantil

A Literatura Tradicional é, já o dissemos, nitidamente utilitária. Por um lado, valendo-se do poder mágico da palavra, dirige-se às forças da natureza, aos poderes dispensadores de benefícios materiais, para que a vida do homem seja mais próspera ou mais feliz. Por outro lado, utilizando o poder comunicativo e sugestivo da palavra, procura transmitir a experiência já vivida, e que encerra, embora de modo empírico, noções do mundo e de seus diversos problemas, numa síntese da vida realizada pelos que a observaram de mais perto, e à custa própria.

Os gêneros literários surdem dessas primeiras provas, afeiçoando-se já à fluência das narrativas, ao ritmo do drama, matizando-se em lenda, resumindo-se no breve exemplo do provérbio, gerando todas as outras espécies literárias.

Até as formas líricas se ressentem desse utilitarismo primitivo: nascem as canções para suavizarem certos trabalhos; os acalantos buscam evitar más influências ou impedir que a criança se extravie, no seu sono; as canções de amor pressupõem, quase sempre, uma ação de magia simpática; as canções dançadas frequentemente são de tema encantatório, e caráter ritualístico.

Se considerarmos que essa literatura, continuando a evoluir, conservou, no entanto, suas reminiscências, especialmente nas mãos das crianças – quando os adultos passaram a contemplá-las como ridículas superstições, práticas ineficazes, hábitos desnecessários, à medida que a ciência, trazendo-lhes novas luzes, lhes indicava outro comportamento – veremos que há um vasto conteúdo de experiência humana nessas tradições infantis dispersas pelo mundo.

E dela se nutria a criança, antes do livro, recebendo-a como um alimento natural nos primeiros anos da vida.

Não se pode evocar uma infância de outrora, sem a sentir nessa atmosfera de ensinamentos tradicionais. Quando, num livro relativamente recente, Klaus Mann procura desenhar a vida de Alexandre, o Grande, imagina-o entre as histórias maravilhosas, as histórias mitológicas que lhe contaria a ama:

> *du ceps de vigne en or couvert de grappes d'émeraude, du torrent doré et de la source où naissait le soleil, de toutes sortes d'aventures, de farses et de folies qu'elle prêtait aux dieux inferieurs et moyens...*[1]

Quanto a Olímpias, mãe de Alexandre, *"il lui fallait toujours redire l'histoire d'Orphée, que dechirèrent les Ménades..."*[2] E, atrás da história de Orfeu, viriam as de Osiris e as de Tamuz e as de Adonis... – ou seja, as tradições, as lendas da Grécia, do Egito e da Babilônia...

É que não se pode pensar numa infância a começar logo com gramática e retórica: narrativas orais cercam a criança da Antiguidade, como as de hoje. Mitos, fábulas, lendas, teogonias, aventuras, poesia, teatro, festas populares, jogos, representações várias... – tudo isso ocupa, no passado, o lugar que hoje concedemos ao livro infantil. Quase se lamenta menos a criança de outrora, sem leituras especializadas, que a de hoje, sem os contadores de histórias e os espetáculos de então...

A Idade Média aparece como a grande época da difusão das narrativas tradicionais. É quando a História passa a história:

---

1 "vides de videira de ouro, cobertas de uva de esmeralda, torrentes douradas e fontes onde nascia o sol, toda espécie de aventuras, de farsas e loucuras que ela atribuía aos deuses inferiores e médios..." (N. E.)

2 "Ela sempre precisava contar novamente a história de Orfeu que foi despedaçado pelas Mênades." (N. E.)

os heróis das batalhas brilham com luzes novas, – são quase heróis imaginários... Grécia, Roma, Bretanha, França afluem como grandes temas das canções de gesta: Alexandre, Carlos Magno, Roldão, o Rei Artur e os Cavaleiros da Távola Redonda multiplicam suas aventuras, em sucessivas transformações, chegam até nós sob a forma de literatura de cordel – que importa? – depois de terem sido, na Europa Ocidental, como as figuras do *Mahabharata* e do *Ramayana*, na Índia, como as Sagas dos finlandeses, e as Bilinas dos russos...

Dessa poderosa fonte, derivariam os infinitos "romances de cavalaria" de que o *Dom Quixote* veio a ser a sátira, e de que Cervantes enumera uma boa lista, logo nos primeiros capítulos.

Essa é também a grande época dos hagiológios, das lendas de santos, dos milagres que, sob forma narrativa ou dramática, irradiariam pelos povos a doutrina cristã.

Do valor dessa literatura, primitivamente oral, fala-nos o interesse dos copistas, a serviço dos nobres ou das instituições religiosas e culturais. O conteúdo moral de tais histórias tornava-se instrumento de educação, como se pode ver claramente da apresentação de algumas dessas obras.

O *Hitopadexa* que, embora constituído por material muito mais antigo, tem um dos seus mais velhos, se não o mais velho manuscrito datado de 1373, diz: "Por que o ornato impresso em um vaso novo de barro não se pode apagar, por isso ensina-se neste livro a moral aos meninos pelo disfarce do conto".

O exemplo moral

Através dos séculos repercutirá essa ideia do ensinamento útil sob o adorno ameno.

A transformação da literatura tradicional oral em literatura escrita pode ser apreciada por exemplos esparsos: o Infante D. Juan Manuel, sobrinho de Alfonso X, o Sábio, e que se presume ter falecido em 1349, já deixara uma obra notável. *El libro del Conde o Libro de los ejemplos del Conde Lucanor y de Patronio*, obra que representa, na Europa ocidental, papel idêntico ao do *Hitopadexa*. Da sua coleção de 52 contos, vários são comuns a diferentes povos e o encadeamento é análogo não só ao *Hitopadexa*, mas a outras obras orientais, como as *Mil e uma noites* e os *Entretenimentos de Nagn Tantrai*.

A finalidade do livro de D. Juan Manuel é educativa. Ele visa salvar os homens, contando-lhes essas histórias, que são exemplos morais para fortalecimento da alma. O compilador confia nas suas histórias. Não há problema humano que não encontre solução em alguma delas. Assim o explica no prefácio:

> *Este libro lo hizo don Juan, hijo del muy noble infante don Manuel, deseando que los hombres hiciesen en este mundo tales obras que les sirviesen en provecho de las honras, de las haciendas y de sus estados, y estuvissen más allegados al camino por el que pudiesen salvar las almas. Y puso en él los ejemplos que supo de mayor provecho en las cosas que acaecieron, para que los hombres puedan hacer esto que dicho queda. Y será maravilla si de cualquier cosa*

que acaezca a cualquier hombre, no hallare en este libro su semejante que acaeció a outro.[1]

Vê-se a Literatura Tradicional em plena ação. Apenas reduzida, da forma oral, que lhe é própria, à escrita. É certo que destinada a homens, não a crianças. Mas, no tempo de D. Juan Manuel, não se chegara a discernir entre o homem grande e pequeno; essa sutileza aparece muito mais tarde e, se não pecamos contra a Pedagogia, tende a desaparecer outra vez, nestes duros tempos em que dificilmente se distingue a criança do adulto.

O livro é de moral prática, e o infante acredita na aprendizagem pelo exemplo. Vai mais longe sua visão pedagógica: as pessoas seguem, na aprendizagem, o caminho que lhes parece mais agradável, o que prova com pitorescas imagens:

> *Y como cada hombre aprende mejor aquello que es más de su agrado, de ahi que el que alguna cosa quiere enseñar a otro, se lo debe enseñar de la manera que entendiere que será más agradable al que la ha de aprender.*[2]

Segue-se o exemplo: pois assim como os médicos que querem curar o fígado, sabendo que o fígado gosta de açúcar, *"mezclan aquellas medicinas con que han de medicinar el hígado con azúcar o miel o alguna cosa dulce"*,[3] – assim também

---

1 "Este livro foi feito por Don Juan, filho do muito nobre infante Don Manuel, que desejava que os homens fizessem neste mundo obras tais que lhes servissem em proveito das honras, dos bens e de seus estados e estivessem mais próximos do caminho pelo qual pudessem salvar suas almas. E nele pôs os exemplos que soubera de maior proveito nas coisas que aconteceram, para que os homens pudessem fazer aquilo que está dito. E será de admirar se, de todas as coisas que acontecem a qualquer homem, não se achar neste livro, coisas semelhantes as que aconteceram ao próximo." (N. E.)
2 "E como cada homem aprende melhor o que lhe agrada mais, quem quiser ensinar alguma coisa aos outros, deve ensiná-la da maneira que pensar que será mais agradável àquele que for aprendê-la." (N. E.)
3 "misturam aqueles remédios com os quais hão de medicar o fígado, com açúcar ou mel, ou alguma coisa doce." (N. E.)

será hecho este libro; y los que lo leyeren, si por su voluntad tomaren placer en las cosas provechosas que en él hallaren, les servirá de bien; y aún los que tan bien no lo entendieren, no podrán evitar, al leer este libro, por las sentencias lisonjeras y compuestas que en ellas van mezcladas, y aunque ellos no lo deseen les aprovechará, así como al hígado y a los otros miembros dichos les aprovechan las medicinas que van mezcladas con las cosas de que ellos se pagan.[4]

A lição de Don Juan Manuel faz pensar no interesse da forma da narrativa, para efeito do seu conteúdo. É aquele adorno, de que fala o *Hitopadexa*. Diremos as coisas úteis de maneira tão agradável que suscite o interesse do leitor ou do ouvinte, para melhor aproveitamento da mensagem.

No *Hitopadexa*, porém, a questão estética chega a desprender-se da moral. Junto do ensinamento que se transmite ao estudante, estão páginas seletas dos grandes autores, para que também com a moral se aprenda o estilo literário. É uma das curiosidades do velho livro indiano: que ao lado da literatura utilitária, aplicada ao exemplo moral, esteja o interesse pela arte literária, em separado, ou seja, o culto àquela beleza gratuita que, nos grandes tempos, define a obra-prima. Assim o observa um dos prefaciadores da primeira edição portuguesa desse "diretório salutar", o professor de sânscrito Dr. G. de Vasconcelos Abreu, com as seguintes palavras:

---

4 "será feito este livro; e aqueles que o lerem, se por sua vontade tomarem prazer pelas coisas proveitosas que nele acharem, ele lhes servirá de bem; e mesmo aqueles que não o entenderem tão bem, não poderão evitar, ao ler este livro, de aproveitar as sentenças lisonjeiras e modestas que nele vão misturadas, mesmo que não o desejem, assim como o fígado e outros membros citados, aproveitam os remédios que vão misturados com as coisas de que eles se satisfazem." (N. E.)

O intuito do livro, em sânscrito, não é simplesmente instruir, moralizar, prevenir, acautelando com exemplos contra as ciladas do mundo; é também habituar o principiante a vários estilos de autores sânscritos, pela leitura de lugares seletos em uns e outros produtos literários em sânscrito clássico.

Aliás, a preocupação da forma é evidente em D. Juan Manuel. Não se esquecia de que, por descuido dos copistas, muitas vezes foram desfigurados textos de obras manuscritas. No prólogo do *Conde Lucanor*,

> *ruega a los que leyeren cualquier libro que fuere trasladado del que él compuso o de los libros que él hace, que si hallaren alguna palabra mal puesta, no le echen la culpa hasta que vean el libro mismo que don Juan hizo, que está enmendado, en muchos lugares de su propria letra.*[5]

Presume-se, por essa passagem, que a crítica do tempo não seria muito complacente.

---

5 "roga aos que lerem qualquer livro que foi copiado daquele que ele compôs ou daqueles que ele faz, que se acharem alguma palavra em lugar inconveniente, não o culpem, até que vejam o próprio livro que Don Juan fez, que está emendado, em muitos lugares, com sua própria letra." (N. E.)

Algumas experiências

O perigo dos copistas desapareceria, afinal, com a invenção da imprensa. Tudo se afigurava mais fácil, daí por diante. O mundo melhoraria mais depressa, com a difusão da cultura, ou, pelo menos, da moral. A Bíblia salvaria as almas. As belas histórias do Antigo e do Novo Testamento poderiam circular amplamente, e o espírito cristão penetraria o mundo.

No entanto, o prestígio do latim durará por muito tempo. As crianças são amamentadas por ele, como Montaigne, que contava:

> Quant à moy, j'avoy plus de six ans, avant que j'entendisse non plus de françois ou de périgordin que d'arabesque; et, sans art, sans livre, sans grammaire ou precepte, sans fouet et sans larme, j'avais apprins du latin tout aussi pur que mon maistre d'eschole les çavait...[1]

Montaigne, afeiçoado, primeiro, pelas *Metamorfoses* de Ovídio, e, a seguir, por Virgílio, Terêncio e Plauto, conta-nos que essas leituras é que lhe deixaram agradável impressão do colégio que teve de frequentar. Se as crianças de seu tempo se entretêm com romances de cavalaria, ele já vê as coisas de outra maneira: não lhe deixaram inveja nem saudade esses passatempos, quando considera, mais tarde: "*Puisque la philosophie*

---

1 "Quanto a mim, tinha mais de seis anos, antes de escutar realmente o francês, o 'perigórdin' (dialeto do Périgord, região da França) ou o árabe; e sem arte, sem livro, sem gramática ou preceitos, sem chicote e sem lágrimas, havia aprendido um latim tão puro quanto o sabia meu mestre-escola." (N. E.)

est celle qui nous instruit a vivre, et que l'enfance y a sa leçon comme les autres aages, pourquoy le na luy communique lon?"[2] A rapidez do tempo faz-lhe sentir a necessidade de aprender sempre, de aprender cedo: *"On nous apprend à vivre quand la vie est passée."*[3]

Afinal, mesmo Ovídio, Montaigne virá a repudiar, com toda a Mitologia, para dedicar-se à leitura histórica; e então reinará Plutarco, e as *Vidas ilustres* serão seu definitivo entretenimento. Mas é da infância que estamos tratando; e, ainda uma vez, vemos, nessa primeira fase da vida, um grande espírito enlevado com a literatura tradicional, cristalizada na obra do poeta latino. Se Montaigne escapava aos ciclos da França e da Bretanha, desprezando Amadises e Lancelotes, não escapava ao de *Rome la grant.* Os contemporâneos mergulhavam nas novelas de cavalaria, nas fábulas, nas facécias, nos milagres, lendo-os ou ouvindo-os, – já que o contador de histórias não desaparecera de todo, ao sol do Renascimento – ele, enraizado ainda na disciplina do Latim, imbuído de seiva clássica, inclinava-se para a Mitologia, na língua que lhe era materna. Intimamente, era a memória do tradicional, palpitando sob outra forma.

Também quando Fénelon escreveu as *As aventuras de Telêmaco*, foi nas obras de Homero que se inspirou. E Homero é a rapsódia grega, é a concentração de tudo que o povo sonhou, imaginou, viveu, transformado em narrativa tradicional, antes de se converter em poema épico.

Por esses exemplos vemos como, depois de terem exercido sua função civilizadora, por via oral, essas experiências da humanidade se convertem em obras eternas, quando servidas por um esti-

---

2 "Como a filosofia nos ensina a viver e como a infância tem sua lição tanto quanto as outras idades, por que não nô-la comunicam?" (N. E.)

3 "Ensina-nos a viver quando a vida já passou." (N. E.)

lo que as imortalize. Mas a essência perdura, tão indispensáveis são aquelas longínquas experiências, lentamente elaboradas e fixadas. As *Fábulas de La Fontaine* são mais uma prova disso.

Je chante les héros dont Ésope est le père[4]

diz o poeta, na sua dedicatória ao Delfim. Mas as *Fábulas*, nem aquelas nem outras, não eram exclusivamente filhas de Esopo. O frígio – se existiu – dera-lhes forma, contara-as a seu modo, depois de havê-las coligido do repertório popular. As histórias existiam espalhadas pelo mundo, como se verifica pelo confronto das que se lhe atribuem com as de outras procedências.

Encontrou-as La Fontaine, e pareceu-lhe que encerravam ensinamentos morais dignos de príncipes. Aplicou seu formoso talento a pô-las em verso. Passara uma boa parte de sua vida em contato íntimo com a natureza, o que decerto lhe aguçaria a sensibilidade para interpretar essas verdades que a solidão e a sabedoria distinguem latentes numa folha de árvore, num animal que passa, numa pedra imóvel ao tempo.

Como o infante D. Juan Manuel, como Montaigne, como tantos outros, La Fontaine aludia aos encantos da forma como acessório vantajoso ao bom aproveitamento dos exemplos. Por parecerem fáceis, frívolas, essas lições não atrairiam o leitor, seduzindo-o como simples divertimento?

> *Vous êtes en un âge ou l'amusement et les jeux sont permis aux princes; mais en même temps vous devez donner quelques-unes de vos pensées à des reflexions sérieuses. Tout cela se rencontre aux fables que nous devons à Esope.*[5]

---

4 "Canto os heróis dos quais Esopo é o pai." (N. E.)
5 "Vocês estão numa idade na qual o divertimento e os jogos são permitidos aos príncipes; mas ao mesmo tempo, devem consagrar reflexões sérias a alguns de seus pensamentos. Tudo isto se encontra nas fábulas que devemos a Esopo." (N. E.)

E como o verso de La Fontaine é de rara elegância, as fábulas que escreveu para o seu discípulo, tendo a intenção de divertir e ensinar a uma criança, têm sido e serão leitura das melhores, para todas as idades, – glória, ainda uma vez, da literatura popular, salva do esquecimento pelo narrador frígio e pelo poeta francês.

O fenômeno repete-se com Charles Perrault que, em meados do século XVII, publicou seus *Contos* em verso e em prosa, dando forma a histórias da carochinha que ainda encontrara em circulação. Evidentemente receia que o livro seja acusado de frívolo ou pueril. Quase pede desculpas de publicá-lo. Vale-se do exemplo da Antiguidade, explicando:

> *Les fables milésiennes, si célèbres parmi les Grecs, et qui ont fait les délices d'Athènes et de Rome, n'étaient pas d'une autre espece que les fables de ce recueil.*[6]

Até, ao contrário, se mostravam inferiores, em relação à moral, dizia ele, – pois, naquele tempo, as narrativas pretendiam apenas agradar, sem se interessarem pela influência moral que pudessem exercer. O mesmo não acontecia com as histórias inventadas pelos nossos avós, para seus filhos, nas quais a moral merecia mais atenção que a forma:

> *Il n'en est pas de même des Contes que nos aïeux ont inventés pour leurs enfants. Ils ne les ont pas contés avec l'élegance et les agréments dont les Grecs et les Romains ont orné leurs fables; mais ils ont toujours eu un très grand soin que leurs contes renfermassent une morale louable et instructive. Partout la vertu y est recompensée, et partout le vice y est puni. Ils tendent tous a faire voir l'avantage qu'il y a*

---

6 "As fábulas milesianas, tão célebres entre os gregos, e que deliciaram os atenienses e os romanos eram da mesma espécie que as desta coletânea." (N. E.)

d'étre honnête, patient, avisé, laborieux, obéissant, et le mal
qui arrive à ceux qui ne le sont pas.[7]

O que o autor afinal sugere é a diferença entre as narrativas dos tempos pagãos, que visam apenas agradar, e as dos tempos cristãos, mais estreitamente interessadas em moralizar. Não é que, na Antiguidade, não visassem as fábulas também um ensinamento moral. A moral do seu tempo. Isso o autor perdeu de vista, ao querer estabelecer a distinção, uma vez que, acima de tudo, lhe interessava o exemplo, o ensinamento, – e o público que pretendia era sobretudo o público infantil:

> *Quelque frivoles et bizarres que soient toutes ces fables dans leurs aventures, il est certain qu'elles excitent dans les enfants le désir de ressembler à ceux qu'ils voient devenir heureux, et en même temps la crainte des malheurs où les méchants sont tombés par leur méchanceté.*[8]

Perrault esperava que as mães transmitissem a seus filhos essa herança do passado, cujo valor educativo encarecia. E foi feliz. Tanto seus três contos em verso "Grisélidis", "Pele de burro" e "Os pedidos ridículos" como os seus contos em prosa – "A Bela Adormecida", "Chapeuzinho Vermelho", "Barba Azul", "O Gato de Botas", "As fadas", "A Gata Borralheira", "Riquete

---

7 "O mesmo não acontece com os contos que nossos ancestrais inventaram para seus filhos. Não os contaram com a elegância e os deleites com os quais os gregos e romanos ornaram suas fábulas; mas sempre tiveram um grande cuidado para que seus contos contivessem uma moral louvável e instrutiva. Em todos eles, a virtude é recompensada e o vício punido. Eles tendem todos a fazer ver a vantagem que há em ser honesto, paciente, ponderado, trabalhador, obediente, e o mal que acontece com aqueles que não o são." (N. E.)
8 Por mais frívolas e estranhas que sejam todas estas fábulas em suas aventuras, é certo que elas excitam nas crianças o desejo de se parecerem com aqueles que elas veem se tornar felizes, e ao mesmo tempo o temor das desgraças nas quais caem os maus por sua maldade. (N. E.)

de crista" e "O Pequeno Polegar" são populares não só na França, mas no mundo inteiro, e de tal modo absorvidos na tradição comum que poucas pessoas, ao contá-los, sabem que foram recolhidos por Charles Perrault.

Permanência da literatura oral

Parece ter sido moda do século XVII esse gosto pelas histórias da carochinha. Mme. d'Aulnoy coligiu também uma dezena delas, que com diferentes nomes se veem circular até hoje nos livros de fadas.

Insistimos neste ponto da permanência do tradicional, na Literatura Infantil, tanto oral como escrito, porque por ele vemos um caminho de comunicação humana desde a infância que, vencendo o tempo e as distâncias, nos permite uma identidade de formação. Por essa comunhão de histórias, que é uma comunhão de ensinamentos, de estilos de pensar, moralizar e viver, o mundo parece tornar-se fácil, permeável a uma sociabilidade que tanto se discute. Se as religiões tentam realizar a fraternidade estabelecendo princípios que tornam os homens reconhecíveis à luz do seu credo, essa moral leiga ajuda a realizar tal fraternidade, estabelecendo uma compreensão recíproca à luz das mesmas experiências milenares, traduzidas em narrativas amenas.

Fénelon, que escrevera *As aventuras de Telêmaco* inspirado em Homero, recomendava em seu livro tão interessante *L'éducation des filles*[1] a leitura das histórias bíblicas, associando, assim, o profano e o sagrado, em seu programa de Literatura In-

---

1   *A educação das meninas* (N. E.)

fantil. É certo que dizia: *"Il faut tâcher de leur donner plus de gout pour les histoires saintes que pour les autres..."*[2] E enumerava as passagens que lhe pareciam mais proveitosas: o episódio da Criação, a queda de Adão, o Dilúvio, a vocação de Abraão, o sacrifício de Isaac, as aventuras de José, o nascimento e a fuga de Moisés, a passagem do Mar Vermelho, as histórias de Saul, Davi, Golias, Salomão, dos profetas e dos reis, o cativeiro de Babilônia, Tobias e Judite, Ester e Daniel, o nascimento de São João e o de Jesus, os apóstolos, os milagres, Madalena, a Samaritana, Lázaro, a morte e a ressurreição de Jesus, Santo Estêvão e São Paulo...

Assim, leituras sagradas; mas que antes foram, também, narrativas orais; a tradição religiosa que, em meio às tradições profanas, são o alimento profundo da humanidade.

A Literatura Tradicional apresenta esta particularidade: sendo diversa em cada país, é a mesma no mundo todo. É que a mesma experiência humana sofre transformações regionais, sem por isso deixar de ser igual nos seus impulsos e idêntica nos seus resultados. Se cada um conhecer bem a herança tradicional do seu povo, é certo que se admirará com a semelhança que encontra, confrontando-a com a dos outros povos.

Esse manancial profundo que a todos nos alimenta não constitui apenas uma riqueza, mas um milagre, quando se pensa na facilidade que daí advém para as relações humanas. É um humanismo básico, uma linguagem comum, um elo entre as raças e entre os séculos.

Nem todos terão aberto livros, na sua infância. Mas quem não terá ouvido uma lenda, uma fábula, um provérbio, uma adivinhação? Quem não terá brincado com uma canção que um dia lhe aparecerá noutro idioma? Quem não terá pensado e agido

---

2 "É preciso se esforçar para lhes fazer gostar mais das histórias santas do que das outras." (N. E.)

em função de exemplos que são os mesmos de outros povos, de outras eras, proveniente de um esforço análogo do homem para adaptar-se à sua condição na terra?

Ao receber, em 1909, o prêmio Nobel, a grande escritora Selma Lagerlöf, cuja obra é tão nutrida pelas velhas tradições suecas, inventa uma pequena lenda: a das suas dívidas, – as dívidas morais para com aqueles que a ajudaram na sua formação. Formação humana e literária que viera a ser coroada por aquele prêmio. Figura, então, uma viagem ao mundo dos mortos, onde imagina encontrar seu pai, numa varanda, entretido com a leitura da "Saga de Fritiof". (A "Saga de Fritiof" é uma espécie de poema nacional sueco. Foi composta por Tegner, o maior poeta romântico do país; mas com elementos que vêm dos mais profundos veios da literatura tradicional escandinava, indicação preciosa, na narrativa da escritora). Trocadas as primeiras palavras entre pai e filha, nesse amável encontro imaginário, Selma expõe-lhe as razões daquela singular visita. Sente-se endividada: e o pai precisa ajudá-la, porque é um dos principais responsáveis por suas dívidas. Pois não tinha sido ele que a fizera ler e reler Tegner, Runeberg, Andersen, com os quais "aprendera a amar os contos e os fatos heroicos, e a pátria e a vida humana em toda a sua grandeza, em todas as suas fraquezas?"

Mas a enumeração dos credores continua:

> Pensa – diz a visitante ao pai – em todos esses pobres cavaleiros sem abrigo que erravam por Vermland, na tua mocidade, e que passavam o tempo a tocar e a cantar... A esses devo as loucas aventuras, as farsas e inúmeras escapadas. E pensa nessas velhas contadoras de histórias que moram em pequenas cabanas cinzentas à beira da floresta, e que me contaram tantas histórias sobre o Nek, as feiticeiras e as virgens raptadas pelo Troll. Foram elas, sem dúvida, que me ensinaram a interpretar a poesia da dura montanha e da negra floresta.

Nessas palavras de Selma Lagerlöf está a sua lição de aproveitamento da Literatura Tradicional. Mas a revelação prossegue. Depois do tradicional pagão, o tradicional cristão:

> ... pensa – continua ela – em todos esses pálidos monges, de olhos cavos, em todas essas monjas encerradas em conventos obscuros, que tiveram visões e ouviram vozes. A esses devo o ter podido mergulhar no grande tesouro de lendas por eles amontoadas.

Quando se considera a grande obra de Selma Lagerlöf, laureada com o prêmio Nobel, e se reflete sobre os elementos que a inspiraram, não se pode deixar de perceber o valor da influência do tradicional e popular, representado pelos trovadores, pelas velhas contadoras de histórias, pelos monges compiladores de lendas: os credores que trouxeram sua contribuição oral para a formação dessa vida, iluminada ainda pela literatura clássica nacional, e pelas epopeias que são também a mais remota tradição, cristalizada...

Assim o viu Lucien Naury, prefaciando *Les miracles de l'Antéchrist*:[3]

> ... *l'imagination de Mme. Selma Lagerlöf s'épanouit librement au coeur de la légende: la légende, telle est la vraie patrie intellectuelle de cette conteuse qui semble une exilée parmi les dures réalites de la société moderne: sa pensée habite perpétuellement les anciens âges, et c'est du folklore et du trésor légendaire scandinaves qu'elle a tiré presque toute son oeuvre.*[4]

---

3 *Os milagres do Anticristo* (N. E.)
4 "... a imaginação de Selma Lagerlöf desabrocha livremente no coração da lenda: a lenda, esta é a verdadeira pátria intelectual desta contista que parece uma exilada entre as duras realidades da sociedade moderna: seu pensamento habita perpetuamente as idades antigas e é do folclore e do tesouro legendário escandinavos que ela tirou quase toda sua obra." (N. E.)

Em todas as grandes vidas, esse elemento tradicional aparece como raiz profunda, que penetra igualmente o solo da pátria e o solo do mundo; que vem da infância de cada um e da infância de todos, e concorre para essa fusão do individual no coletivo, do coletivo no individual, essa identificação do homem com a humanidade.

Dos campos da Provença, Frederico Mistral, que tão intensamente viveu a vida de seu povo, recorda as primeiras parlendas que recitava, e confessa: *"C'est avec ces contes-là, chants de nourrices et sornettes, que nos parents, à cette époque, nous apprenaient à parler la bonne langue provençale..."*[5]

Se passarmos a um ponto oposto, se remontarmos à infância de Gorki, vamos encontrar, à margem do Volga, a repetição da magia da Provença. Aí veremos este outro menino, ao lado da avó que lhe conta "histórias fantásticas de bons salteadores, de santos, de animais e de forças ruins". O talento da narradora é imenso; a fisionomia, a voz, os gestos acrescentam às histórias o encanto da dramatização, tão notável em certos tipos populares. O menino insiste, pede novas histórias... E agora já não é ele, apenas: "Marinheiros barbudos, boa gente, colocam-se em redor de nós, escutam, riem, elogiam a narradora, e pedem, por sua vez: 'Vamos, vovozinha, conta alguma coisa mais...'"

Mais tarde, quando Gorki tiver aprendido a ler, serão ainda os livros santos que misturarão, aos seus contos de fadas, as lendas, os milagres, o sonho do Paraíso...

Noutro ambiente, ligada a outras origens, cercada de outros hábitos, também a Condessa de Noailles recordará sua infância ao lado de uma governanta alemã que, apesar de alguns aspectos antipáticos, deixou, na alma da grande poetisa, a saudade das primeiras narrativas tradicionais:

---

5 "Os nossos pais, nesta época, nos ensinavam a falar a verdadeira língua provençal justamente com estes contos, cantigas de ninar e bagatelas." (N. E.)

Je dois à cette gouvernante sans tendresse, mais poétique, le bercement des contes de fées lus par elle à mon chevet, pendant les convalescentes des maladies enfantines...[6]

Podiam ser multiplicados estes exemplos. Os que apresentamos são, no entanto, suficientes para mostrar como, em todas as latitudes, e desde sempre, é a Literatura Tradicional a primeira a instalar-se na memória da criança. Ela representa o seu primeiro livro, antes mesmo da alfabetização, e o único, nos grupos sociais carecidos de letras.

Por esse caminho, recebe a infância a visão do mundo sentido, antes de explicado; do mundo ainda em estado mágico. Ainda mal acordada para a realidade da vida, é por essa ponte de sonho que a criança caminha, tonta do nascimento, na paisagem do seu próprio mistério. Essa pedagogia secular explica-lhe, em forma poética, fluida, com as incertezas tão sugestivas do empirismo, o ambiente que a rodeia, – seus habitantes, seu comportamento, sua auréola.

Vagarosamente elaborada, pela contribuição de todos, essa literatura possui todas as qualidades necessárias à formação humana. Por isso, não admira que tenham tentado fixá-la por escrito, e que, sem narradores que a apliquem no momento oportuno, para maior proveito do exemplo, a criança se incline com ávida curiosidade para o livro, onde esses ensinamentos perduram.

---

6   "Devo a esta governanta sem ternura, mas poética, o ninar dos contos de fada lidos por ela à minha cabeceira, durante as convalescenças das doenças infantis." (N. E.)

Aspectos da Literatura Infantil

Se bem que essa avidez seja variável, sobretudo nos tempos de hoje, por toda parte vemos ainda vivas histórias e lendas pertencentes ao patrimônio oral dos povos. E ousamos dizer que essa é ainda a contribuição mais profunda na Literatura Infantil. Parlendas, provérbios, adivinhas têm sido um pouco abandonados, na redação escrita, ligadas a jogos, brinquedos e outras práticas. Os provérbios tendem a desaparecer: é muito raro encontrá-los na conversação diária, a não ser entre pessoas bastante idosas. As adivinhas também vão escasseando, substituídas por outros entretenimentos.

Naturalmente, na província, onde a vida é mais vagarosa, todas essas formas de Literatura Tradicional têm mais probabilidades de durar. Mas nos grandes centros, onde ninguém mais conversa, onde poucos pensam, e as lições da vida parece emanarem só do cinema e do rádio, sente-se a falta dessa sabedoria falada que é o ornamento do homem simples, unido à Natureza e aos seus antepassados.

Os que primeiro coligiram e redigiram essa sabedoria foram, na verdade, uns beneméritos; pois sem eles muito mais do que desapareceu teria desaparecido da memória dos povos, ou se teria corrompido a ponto de tornar-se ininteligível. Muitos fizeram-no pensando na beleza do ensinamento, ou na graça da narrativa, sem lhes ocorrer que estavam trabalhando especialmente para a infância. Outros, desejando que as crianças viessem a receber essa herança, mas depondo-a na mão dos adultos.

Esse é, pois, o primeiro caso de Literatura Infantil: a redação escrita das tradições orais, – o que hoje constitui a disciplina do Folclore. Pode ser a redação direta, sem acréscimos, reduções ou ornamentos, – e é o caso da coleção de contos dos irmãos Grimm, ou sofrendo a influência estilística do autor, – como nos casos de Perrault, de Mme. d'Aulnoy, das fábulas e contos de La Fontaine.

O segundo caso de Literatura Infantil é o dos livros que, escritos para uma determinada criança, passaram depois a uso geral, como aconteceu com as *Fábulas de La Fontaine*, *As aventuras de Telêmaco*, de Fénelon, e outros mais.

O terceiro caso é o dos livros não escritos para as crianças, mas que vieram a cair nas suas mãos, e dos quais se fizeram depois adaptações, reduções, visando torná-los mais compreensíveis ou adequados ao pequeno público.

Quando, por exemplo, Daniel Defoe escreveu as *Aventuras de Robinson Crusoé*, não podia imaginar o número futuro de edições de um livro por que não lhe pagaram dez libras. No entanto, tal foi o sucesso dessa obra aparecida em 1719 que ainda hoje, passados dois séculos, não se veem limites para as suas reedições. Já em 1812 outro "Robinson" aparecia, "o suíço", de R. Wyss. Fenimore Cooper não resistiu a escrever um "Robinson americano". Mas nenhum desses tem a força do primeiro, ainda que se lhes possam enumerar muitas qualidades.

Defoe quis assinalar o herói solitário, com irresistível atração pela aventura, e capaz de suportá-la, em todas as suas surpresas, por uma disciplina moral superior, aliada a uma grande habilidade física e à coragem e capacidade de trabalho. Robinson é o homem vencendo a natureza, pela inteligência e pela vontade. Que exemplo mais empolgante, para o jovem leitor?

Aqui, a aventura humana, a simples aventura de viver na solidão, se apresenta em sua rusticidade realista, sem alegorias, fora do domínio da fábula, neste mundo em que estamos, com seu mapa, seus rios, suas ilhas, seus animais, suas plantas. Dessa descrição natural da vitória do homem solitário sobre as adversidades que o cercam, ressuma um convincente exemplo de heroísmo prático, não inferior ao das figuras dos antigos contos e epopeias.

Também para a reputação do primeiro Robinson deve ter contribuído a opinião que sobre ele manifestou Jean-Jacques Rousseau na sua famosa obra de educação *L'Emile*.

Ninguém desconhece a influência da vida e das ideias desse filósofo no seu século e posteriormente. Suas leituras de infância tinham sido os romances de d'Urfé, de Mlle. de Scudéry e de la Calprenède. Sendo seu pai um viúvo inconsolável, o menino passava noites inteiras a ler-lhe essas fantasias sentimentais, substituídas mais tarde pelas obras de Plutarco, Le Sueur, Bossuet, Ovídio, Fontenelle, Fénelon, Molière... Parece, no entanto, que aqueles primeiros romances o impressionaram de maneira indelével, pelas palavras com que recorda essas leituras dos sete anos: *"Ces émotions confuses que j'éprouvais coup sur coup, me donnèrent de la vie des notions bizarres et romanesques dont l'experience et la réflexion n'ont jamais pu me guérir"*.[1]

Atribuiria Rousseau a essas primeiras leituras os desastres sentimentais de sua vida? Seria para acautelar Emílio de provações idênticas que lhe opunha tantas restrições às leituras?

O certo é que, nessa obra de Educação, Rousseau é muito severo com os livros infantis. Até as *Fábulas de La Fontaine*

---

1 "Estas emoções confusas que eu sentia a toda hora me deram, sobre a vida, noções estranhas e romanescas das quais a experiência e a reflexão jamais puderam me curar." (N. E.)

lhe parecem suspeitas, em sua moral, e difíceis, em seu estilo. Emílio não lerá as *Fábulas*. Rousseau não acredita que ele as possa entender, quanto mais aproveitar! Tenta prová-lo com a dissecção a que submete *"Le corbeau et le renard"*[2] no Livro Segundo daquela obra. Talvez se possa observar que essa é a dissecção de Rousseau: isto é, de um adulto e de um filósofo; e que Emílio faria a leitura de outro modo...

Apelando para o amor à verdade, à nitidez do pensamento, à sobriedade de hábitos, Rousseau impõe rigorosos limites às leituras de seu discípulo:

> *Puisqu'il nous faut absolument des livres, il en existe un qui fournit, à mon gré, le plus heureux traité d'éducation naturelle. Ce livre sera le premier qui lira mon Émile: seul il composera durant longtemps toute sa bibliotheque et il tiendra toujours une place distinguée. Il sera le texte auquel tous nos entretiens sur les sciences naturelles ne serviront que des commentaires. Il servira d'épreuve durant nos progrès à l'état de notre jugement; et, tant que notre goût ne sera pas gâté sa lecture nous plaira toujours. Quel est donc ce merveilleux livre? Est-ce Aristote? est-ce Pline? est-ce Buffon?*
> *Non; c'est Robinson Crusoë.*[3]

Mas ainda a esse *"merveilleux livre"*[4] aplica Rousseau um julgamento severo, e elimina-lhe o princípio e o fim. Quer o homem

---

2 "O corvo e a raposa" (N. E.)

3 "Já que os livros nos são absolutamente necessários, existe um que fornece, segundo a minha opinião, o tratado mais feliz de educação natural. Este será o primeiro livro que meu Emílio lerá: só ele formará durante muito tempo toda sua biblioteca e terá sempre um lugar especial. Todas nossas conversas sobre as ciências naturais não servirão senão como comentários a este texto. Servirá de prova durante nossos progressos ao estágio de julgamento; e enquanto nosso gosto não for corrompido, sua leitura sempre nos agradará. Qual é, então, este livro maravilhoso? É Aristóteles? É Plínio? É Buffon? Não, é Robinson Crusoé." (N. E.)

4 "livro maravilhoso" (N. E.)

e a solidão: mais nada. O homem dominando e vencendo a natureza, embora reconheça que esse estado não é o do homem social: *"Mais c'est sur ce même état qu'il doit aprécier tous les autres"*.[5] Assim prevê o exercício de Emílio.

Por estas ou por aquelas razões, Robinson Crusoé, da sua ilha deserta foi visto por todas as crianças do mundo. Brincava-se de Robinson como hoje se brinca de bandido. O papagaio e o guarda-sol de Robinson eram tão atraentes como as pistolas atuais. Por onde se vê que as crianças do passado tinham, sobre as de hoje, a superioridade de uma inegável poesia, e de um evidente bom gosto.

Não menos curioso destino tiveram as *Viagens de Gulliver*. Quando, em 1726, Swift as publicou, anonimamente, não lhe passou pela cabeça que estava fazendo obra de Literatura Infantil. Boa sátira aos partidos políticos da Inglaterra, amarga filosofia, sob engenhosas imagens, – o livro abria-se como uma gargalhada de protesto. Esgotou-se a primeira edição numa semana, segundo Gay.

E foi lido por toda a gente, desde os estadistas até as *"nurses"*.[6] Cada um o entendeu como pôde, ou como quis. Tal é a sorte de muitos livros. As imagens passaram a viver por si mesmas livres do autor, teceram sua história, ao gosto da sensibilidade dos leitores. Que fazer, quando as personagens adquirem tal força, e podem emancipar-se? O leitor de hoje, sem saber nada da Inglaterra de Jorge I, continua a divertir-se ou a meditar, enquanto Gulliver viaja pela terra dos gigantes e dos pigmeus, sentindo-se ora tão grande, ora tão pequeno, entre leis tão absurdas e linguagens tão enigmáticas...

---

5 "Mas é sob este mesmo estado que ele deve apreciar todos os outros." (N. E.)
6 "pajem" (N. E.)

Também as *Aventuras do Barão de Münchhausen*, publicadas em 1735, começaram por ser uma sátira às fanfarronadas atribuídas a esse oficial, quando contava suas proezas na Rússia, por onde andara a combater os turcos. O livro alcançou enorme sucesso. Meio século depois, ao serem traduzidas para o alemão, as fanfarronadas aumentaram, com outras tantas do tradutor. Novas traduções, novas mentiras, – a ponto de poder-se julgar afinal, que, de todos, o mais modesto no mentir foi o Barão. O livro, porém, penetrou nas bibliotecas infantis, circula em todos os idiomas, e quem se lembra que o Barão existiu, realmente? – Em dois séculos, sua figura passou da história ao mito, em pleno processo folclórico...

Caso idêntico, no quadro da Literatura Infantil, representam os livros de Alexandre Dumas. Quantos livros são verdadeiramente de sua autoria? Não se sabe. Ele tinha a seu serviço uma porção de escritores, uns, desconhecidos, outros, famosos. Só assim, nos seus 67 anos de vida, poderia publicar obra tão vasta. E não porque lhe faltasse imaginação: ao contrário, porque precisava de colaboradores que o ajudassem nessa tumultuosa criação de aventuras inverossímeis e fascinantes.

Com sua cálida imaginação de mestiço, Alexandre Dumas inventava, inventava... Seus heróis podem ser absurdos; suas aventuras, impossíveis; os diálogos, excessivamente teatrais; os fatos, inverídicos. A História deforma-se, em suas mãos; toma feições inauditas; a linguagem é prolixa; não se pode dizer que Dumas seja um modelo de aticismo. Todos os críticos o reconhecem. Mas é inegável a magia com que os livros se apoderam dos leitores, acorrentando-os ao interesse da narrativa, arrebatando-os de volume em volume, interminavelmente.

Deus sabe por que e para quem escrevia Alexandre Dumas. Nós sabemos quem o lê. E são todos que o encontram, grandes e pequenos.

O livro não infantil
e infantil

Esses casos de leituras para adultos que vieram a ser apreciadas pelas crianças é que nos induzem a pensar que só depois de uma experiência com elas se pode, verdadeiramente, compreender suas preferências. Assim, a Literatura Infantil, em lugar de ser a que se escreve para as crianças, seria a que as crianças leem com agrado.

No acervo da Literatura Geral, poder-se-iam escolher os livros sem contraindicações notórias, colocando-os à disposição dos pequenos leitores. Desse modo, em lugar de muitas obras sem real valor literário, já o pequeno leitor poderia formar a sua biblioteca com livros que, em geral, não ficam ao seu alcance senão muito mais tarde.

Foi sob esse critério que se estabeleceu, há tempos, uma lista de livros franceses para leitores de 5 a 14 anos, em que além dos autores clássicos – Perrault, Grimm, Andersen etc. – figuram H. Malot, Selma Lagerlöf, Mayne Reid, Júlio Verne, Fenimore Cooper, Upton Sinclair, Kipling, Erckmann-Chatrian e Walter Scott, cada um deles representado por um livro.

A esses nomes vêm juntar-se os de Marguerite Audoux, Colette, Dickens, Anatole France, Gorki, Frederico Mistral, Gilbert de Voisins, Valery, Larbaud, Rousseau, Romain Rolland, mesmo Proust, autores que geralmente não se encontram nas bibliotecas infantis...

Comentando essa lista, Alberto Insúa sugere leituras de autores espanhóis, apresentando nomes como os de Pardo Bazán,

Unamuno, Juan Ramón Jiménez, sem esquecer o *Conde Lucanor* do infante D. Juan Manuel. Quantos ainda, de outras literaturas, poderiam ser apontados, organizando-se uma biblioteca universal de primeira ordem, e que permitiria uma unidade de leituras, desde a infância, promovendo uma unidade de cultura, tendo por base as experiências do folclore nacional e mundial!

Isso não significa que seja desnecessário escrever para a infância. Ou inconveniente. Existem mesmo muitos livros especialmente escritos para as crianças que lograram o êxito pretendido. E esse é o quarto caso de Literatura Infantil: o que se refere às obras especialmente escritas para a infância.

Na Europa, os séculos XVII e XVIII foram abundantes em livros dessa natureza. Novas ideias pedagógicas estabeleciam clima favorável a tal iniciativa.

Esses livros não tinham apenas o objetivo de entreter a criança, ou de transmitir-lhe noções morais. Muitos visavam, propriamente, transmitir, de maneira suave, os conhecimentos necessários às várias idades.

É quando melhor se podem observar os três aspectos da Literatura Infantil: o moral, o instrutivo e o recreativo. Distinção precária e difícil de estabelecer, às vezes, porque esses caracteres não aparecem isolados, mas, ao contrário, frequentemente se interpenetram. No entanto, sempre se pode discernir entre um livro que ensina a não roubar e o que ensina as quatro operações, ou o que, embora falando de algarismos e virtudes, conduza o leitor para outros horizontes, sem formalismo de aprendizagem, gratuitamente, pelo prazer do passeio.

Alguns autores dedicaram toda a sua vida a escrever só para crianças; outros, em meio a uma vasta obra literária, escreveram um dia para elas, e tiveram a sorte de ser entendidos e amados; há também os que escreveram para crianças de uma certa época, e tiveram o seu êxito limitado a uma pequena duração; há os que, sem terem tido sucesso na época em que escreveram, vieram a tê-lo muito tempo depois...; e existem até os que, tendo escrito para as crianças, acabaram lidos pelos adultos também. É claro que terão existido ainda os que escreveram e não foram lidos, ou não foram apreciados, nem no seu tempo nem depois.

O Cônego Schmid escreveu para as crianças muitos contos morais. Foram traduzidos para quase todas as línguas. Nossos avós recebiam seu livrinho de presente, no fim do ano, por ocasião do encerramento das aulas. E com ele reafirmavam suas convicções de não mentir, não desobedecer, amar ao próximo, banir de seus corações todos os vícios.

Mas o Cônego Schmid não se limitou a essas histórias: publicou *Histórias bíblicas*, extraindo as mais belas narrativas dos livros sagrados; organizou um *Teatrinho infantil*, iniciativa interessante, para a época, e escreveu *Contos para crianças e para os amigos das crianças*. Eis um escritor dedicado à infância. Merecerão, porém, suas delicadas histórias a preferência das crianças de hoje?

Mme. de Ségur e Júlio Verne enchem a segunda metade do século XIX com a sua produção copiosíssima de livros especialmente destinados às crianças.

As histórias de Júlio Verne enquadravam-se no plano de bibliotecas de educação e recreação organizado para a juventude por Jean Macé e P. J. Stahl (aliás, Pierre-Jules Hetzel).

Jean Macé publicara em 1861 uma interessante narrativa – a *História de um bocadinho de pão*, cuja finalidade era explicar os órgãos e funções do corpo humano. A esse pequeno compêndio de "História natural", como então se dizia, deu a forma agradável de cartas a uma menina. O livro chegou até o Brasil, já traduzido, junto com os daqueles dois autores. Macé prosseguiu na série. Reconheciam-lhe qualidades invulgares de dar aos temas áridos uma exposição atraente. Por isso, é um dos mais conspícuos representantes dessa literatura que se poderia chamar "de instrução amena". Bem diferentes, os seus livros, dos do Cônego Schmid. Basta ver os títulos: *Arithmétique du grandpapa*,[1] *Histoire de deux marchands de pomme*,[2] *Serviteurs de l'estomac*...[3]

Os livros de Júlio Verne são mais difíceis de caracterizar, pois, sendo escritos como narrativas de intenção científica, o arrojo das aventuras é que se impõe ao leitor, deixando muitas vezes em plano secundário a maravilha técnica.

Mme. de Ségur, finalmente, constrói o seu livro muito femininamente, como as avós e as amas que contam histórias. Aqui não se trata de viagens ao centro da terra, mas de festas em salões ou parques; não se pretende ir da terra à lua em 97 horas, mas de andar por este mundo, e experimentar as pequenas alegrias e tristezas de cada dia, quando se é criança e pobre, e se começa a lutar pela vida...

Assim, não é de admirar que meninos e meninas se dividissem, entre os dois autores, se bem que às vezes ocorra o inesperado, como no caso de François Mauriac que, nos seus tempos de Jardim de Infância, preferia a Júlio Verne *Les malheurs de Sophie*[4] e *Les deux nigauds*,[5] de Mme. de Ségur...

Mas esses casos, como o dos autores citados, de vidas inteiramente dedicadas à Literatura Infantil, são, na verdade, casos raros. Poucos escritores podem ser apontados com uma obra toda dedicada à infância, e coroada de êxito absoluto, – pois até hoje se lê Mme. de Ségur; e se Júlio Verne começa a declinar, não

---

1 "Aritmética do vovô" (N. E.)
2 "História de dois vendedores de maçã" (N. E.)
3 "Servidores do estômago" (N. E.)
4 "Os desastres de Sofia" (N. E.)
5 "Os dois patetas" (N. E.)

é por sua culpa, mas pelo avanço da ciência e da técnica, à vista do qual seus livros passam a um plano anacrônico.

Os mais belos livros infantis têm sido ou casos únicos na vida do escritor, ou casos à parte, em se tratando de escritores de renome.

Chamisso (Adelbert von), por exemplo, escreveu para a família de um amigo *A história maravilhosa de Peter Schlemihl*. Não só encantou a família do amigo, com esse conto do homem que vende a sombra: criou com ele a sua glória na literatura alemã. Eis o caso do livro de modestas pretensões que vem a ocupar uma posição com que não contava...

Robert Louis Stevenson teve a ventura de tornar-se imediatamente célebre com a publicação de *A ilha do tesouro*, que escrevera para os adolescentes, e hoje é livro de todas as bibliotecas.

Alice no País das Maravilhas

Mas, no quadro da Literatura Infantil do século XIX, nenhum caso é tão interessante quanto o de Lewis Carroll (aliás, Charles L. Dodgson), o autor de *Alice no País das Maravilhas* e *Alice no País do Espelho*. A singularidade desses livros é que, construídos com elementos da realidade, são muito mais ricos de maravilhoso que qualquer história de fadas. Nem os contos de Perrault, nem os de Grimm, nem os de Andersen se aproximam desse deslumbramento.

Pois, em todos os outros, o maravilhoso consiste em tornar possíveis as coisas desejadas e que por este ou aquele motivo, são inacessíveis ou difíceis. Quando o herói não vence as situações pela prática da Virtude e do Bem, aparecem os objetos mágicos, as fórmulas encantatórias, os animais reconhecidos, as fadas e os benfeitores. O sonho vem, afinal, pousar, prisioneiro, na ponta da varinha de condão.

Nos livros de Carroll, descobre-se o que existe, realmente, de maravilhoso, nas coisas cotidianas, e em nós. É uma visão nova da vida, do segredo das leis que nos regem, do poder oculto das coisas, das relações entre fenômenos a que estamos sujeitos.

Tudo quanto possuímos de poético e também de absurdo se apresenta nesses livros. Ao descer pela toca do coelho, Alice passa a habitar – como quando atravessa o espelho – um país diferente e conhecido, como quando fechamos os olhos e nos percorremos, num ato de introspecção. As surpresas despontam de todos os lados. Quem somos, afinal?

"*Who are You?*"[1] pergunta a Lagarta à menina, que lhe responde, como responderíamos, atentos à nossa momentaneidade: "*I – I hardly know, Sir, just at present – at least I know who I was when I got up this morning, but I think I must have been changed several times since then*".[2]

E ocorre-nos a frase de Shakespeare nos lábios de Ofélia: "*Lord, we know what we are, but know not we may be*".[3]

Os pequenos leitores de Alice tomarão como gracejo essa dúvida sobre a personalidade, essa indecisão da vida exposta ao tempo. Mas nós, os grandes, ai de nós que sabemos da sua íntima verdade, e nos curvamos para ela, refletindo. Um dia, os pequenos leitores se encontrarão com essa pergunta que na infância os fez rir: e compreenderão que era só aparente a sua futilidade.

Certas passagens do livro são francamente surrealistas, como o aparecimento e o desaparecimento do gato. Outras, envolvem problemas de lógica, como na conversa de Alice com o Chapeleiro e March Hare.

Aliás, pululam no livro esses exemplos de "arte de pensar", bem como exercícios de abstração, e problemas de relatividade.

Quando Alice conversa com o Mosquito, a respeito dos nomes dos insetos, o interlocutor diz-lhe: "*What's the use of their having names, if they won't answer to them?*"[4]

---

1 "Quem é você?" (N. E.)
2 "Eu – eu mal, sei, Senhor, neste momento – ao menos sei quem eu era quando acordei esta manhã, mas acho que devo ter mudado muitas vezes desde então." (N. E.)
3 "Senhor, sabemos o que somos, mas não sabemos o que podemos ser." (N. E.)
4 "Para que serve o fato de eles terem nomes, se não respondem por eles?" (N. E.)

Os trocadilhos e jogos de palavras, as interpolações folclóricas como a da Rainha de Copas e a de Tweedledum e Tweedledee dão ao livro de Lewis Carroll acentuado caráter nacional. As *Nursery Rhymes*[5] atravessam a história, iluminando-a com a sua claridade familiar. A poesia está largamente derramada em todas essas páginas. Não parece o orgulho de Humpty Dumpty, mas o jogo livre do seu pensamento que lhe inspira aquela resposta: *"When I use a word... it means just what I choose it to mean – neither more nor less"*.[6]

As relações da menina com o mundo ambiente, e os problemas derivados da sua mudança de tamanho tinham já raízes na literatura inglesa. Não é essa desproporção a base das aventuras de Gulliver, nas suas viagens entre os gigantes e entre os anões? Neste caso, o homem permanecia com sua estatura normal: o ambiente é que lhe dava a impressão de ora ser tanto, ora ser tão pouco...

Em *Alice*, a menina é que aumenta e diminui, o que permite efeitos semelhantes em certas apreciações. Quando ela, por exemplo, mira a paisagem por detrás do espelho e exclama: *"I declare it's marked out just like a large chess board!"*[7] não se pode deixar de pensar em Omar Khayyam: *"It's a great huge game of chess that's being played – all over the world..."*[8] [9]

---

5 "Contos em rimas para crianças." (N. E.)
6 "Quando uso uma palavra... ela significa exatamente o que escolhi para ela significar – nem mais nem menos." (N. E.)
7 "Eu declaro que está delineado exatamente como um grande tabuleiro de xadrez." (N. E.)
8 "É um grande, enorme jogo de xadrez que está sendo jogado em toda parte do mundo." (N. E.)
9 – Em Omar Khayyam:
"'Tis all a Chequer-Board of Nights an Days
Where Destiny with Men for Pieces plays:
Hither and thither moves, and males, and slays,

Mas a sensação visual que nos fica é a de Gulliver quando, firmando-se afinal nos pés, olha em redor de si e vê os domínios de Liliput como canteiros de um jardim...

Também, como Swift com os idiomas ininteligíveis dos seus países imaginários, Lewis Carroll diverte a pequena Alice Liddel, para quem foi escrito o livro, com inúmeras fantasias de linguagem. Talvez o leitor estrangeiro não seja susceptível a essas comparações; mas os ingleses devem sentir em *Alice no País das Maravilhas e no País do Espelho* a continuação do sonho que transportou Gulliver a tantos lugares fantásticos, a tantas experiências poético-filosóficas, profundas e eternas, sob essa aparência frívola de uma narrativa sorridente.

Se nos detivemos mais longamente sobre este livro, foi por lhe reconhecermos atributos singulares, que esclarecem certos problemas de Literatura Infantil. Como se sabe, a história foi inventada durante um passeio que o jovem professor Charles L. Dodgson fez, certo dia de verão, com as três meninas Liddel. Não era a primeira vez que passeavam, nem a primeira história que ele inventava para entretê-las. Mas foi essa a história que particularmente interessou Alice, uma das três irmãs, a ponto de fazê-la pedir a Dodgson que a escrevesse, para não ser esquecida.

A menina devia ser encantadora, para que Dodgson escrevesse no prefácio à obra:

> *Those for whom a child's mind is a sealed book, and who see no divinity in a child's smile would read such words*

And one by one back in the Closet lays." (N. A.)
Tradução da editora:
Isto tudo é um tabuleiro de xadrez de Noites e Dias
Onde o Destino com os homens joga através de peças:
Para cá e para lá movem-se homens e assassinos,
E um a um atrás do armário é deitado. (N. E.)

(as palavras de explicação da obra) *in vain; while for any one who has ever loved one true child, no words are needed.*[10]

Encantadora e excepcional, para enlevar-se com uma narrativa que a cada instante foge do plano da realidade e oniricamente se move, alada e sensível, num mundo que a imaginação borda com todos os seus caprichos. Eu disse encantadora e excepcional! Ah! Lewis Carroll disse apenas "*a true child*".[11] Porque assim deviam ser todas as crianças, palpitantes de celeste graça, envoltas ainda nesse mistério que chamamos "divino".

Antes de ser escrito, o livro de Lewis Carroll foi uma história falada. Contada diretamente a três meninas. Pode-se presumir que elas colaborassem na narrativa, como costuma acontecer em tais casos, e ajudassem, com suas perguntas e observações, a estabelecer o enredo e a desenvolvê-lo.

Oral, antes de escrita, e construída com a colaboração das crianças, a história foi também julgada por elas. Alice quis vê-la escrita, para não a esquecer. E quando, pelo Natal, Lewis Carroll comovidamente lha entregou, as outras crianças que dela tiveram notícia exclamaram: "Deviam tirar 60 mil exemplares!" E como as crianças tinham razão!

---

10 "Aqueles para os quais a mente de uma criança é um livro selado e que não veem divindade no sorriso de uma criança, lerão estas palavras [...] em vão; enquanto que para aqueles que já amaram alguma vez uma criança verdadeira, não são necessárias palavras." (N. E.)

11 "uma criança verdadeira" (N. E.)

Outros livros

Os que, como Rousseau, julgam que a clareza é qualidade indispensável a um livro infantil, – essa clareza de certas histórias que não confiam na visão poética da criança – ficarão surpreendidos com o interesse de Alice por um livro, sob certos aspectos tão obscuro como se o autor o escrevesse para adultos, – e apenas certos adultos. Um livro que pessoas ilustres têm citado, em certos momentos, com exemplos para situações políticas e matemáticas, um livro que os poetas não podem ler sem palpitante entusiasmo, de um autor que pareceria perdido no século XIX, e de cujo curiosíssimo *The hunting of the snark* se anuncia agora a tradução francesa, por Aragon, – um dos poetas mais em evidência, na atualidade.

É que nesse reino obscuro palpita uma claridade secreta: aquele radioso mistério que a criatura humana, desde o nascimento, pressente consigo, e conserva num zeloso silêncio. Depois é que a vida embrutece. Depois é que o mundo, as circunstâncias, as transigências tiram a alguns essa presciência que, na verdade, parece a platônica recordação da sabedoria.

O século XIX foi rico em livros para as crianças. Grandes livros, os de Edmundo de Amicis, de Collodi e Mark Twain!

Interessa-nos particularmente o *Coração* de De Amicis, por ter sido, em certa época, livro de leitura nas escolas primárias brasileiras. Não sei o que dele pensarão as crianças de hoje. As que o leram em classe, na tradução de João Ribeiro, creio que jamais alcançaram compreendê-lo em toda a sua emoção.

Pois, que influência poderia exercer, lido aos pedaços, – nem sempre sucessivos, – em tempos em que a leitura em classe era a única permitida nas escolas, e às crianças não interessava ler em casa, como leitura livre, o que para elas tinha aspecto tão didático?

De Amicis escreveu esse livro em 1866, – para seu filho, como o faria também Kipling com *O livro da selva*. O êxito foi enorme, e a obra mereceu várias traduções. Mas o seu valor só pode ser apreciado numa leitura seguida. Tal como a praticavam, dividiam-no numa série de quadros que, por mais belos que sejam separadamente, perdem a unidade sentimental com que o autor tão admiravelmente os entrelaçou.

Poderia esse exemplo servir de base à pergunta: "É conveniente fazer ler à criança fragmentariamente, e sem a sequência própria uma novela ou história longa? Ou devem sempre ser preferidas para exercícios de leitura as histórias curtas, que não dependem de continuação?"

Pinocchio leva-nos outra vez para o terreno do maravilhoso com a história simbólica do boneco que só se humaniza quando adquire as virtudes necessárias para isso. O principal interesse da narrativa são os próprios defeitos da personagem central, esse títere malcriado, desobediente, teimoso, que tudo aprende à sua custa, à força de quebrar a cabeça nos seus próprios erros. Mas ainda aí perdura a recordação folclórica, nas fábulas que servem como de marcos à sua evolução. O inesquecível exemplo tradicional!

Com Mark Twain, vêm à tona as recordações de uma infância movimentada e vibrante, comunicando-se aos pequenos leitores o sugestivo encanto de uma vida verdadeiramente vivida por outra criança, que se acompanha em todas as suas experiências naturais. Essa intimidade das autobiografias infantis é um estímulo direto e poderoso: já não se trata da vida de adultos, oferecida como exemplo – o que às vezes fatiga e deixa desconfiança –, mas da de outra criança, a cujo desenvolvimento se assiste como confidencialmente, e de que se participa, como num brinquedo em comum.

Os livros que acabamos de analisar formam já uma biblioteca "clássica" da infância. Sem falar das obras de fundo nitidamente folclórico (que essas chegaram confusamente da mais remota antiguidade) – as que trazem nome de autor pertencem a épocas muito variadas. É curioso observar que, ao lado de livros recentes, como os de Selma Lagerlöf, Juan Ramón Jiménez ou Kipling, estão os de Swift e Defoe, já seculares.

Enquanto os velhos livros resistem, na sua imortalidade, quantos outros têm aparecido e desaparecido, sem poderem conquistar o favor do público infantil!

O certo é que, antigamente, lia-se menos, porém melhor. Rousseau imaginava que com o *Robinson Crusoé* Emílio teria leitura suficiente, senão para toda a vida, pelo menos para a infância toda...

De lá para cá, tornaram-se os Emílios demasiado exigentes, ou mudaram os preceptores de ideias?

Nem uma coisa nem outra; mais parece que foi a indústria do livro que se decidiu a explorar um público aparentemente indefeso e evidentemente copioso.

Aumentaram as bibliotecas infantis, por várias maneiras: com adaptações diferentes de livros antigos; com a fragmentação de coleções (histórias extraídas das *Mil e uma noites*, dos livros de Perrault, Grimm etc.); com a publicação de material folclórico ainda inédito (ou traduzido recentemente); por fim, com histórias novas, escritas por autores contemporâneos.

Este caminho pareceria, a princípio, o mais natural e acertado: que as crianças fossem recebendo sempre a contribuição literária do seu tempo, em lugar de se entregarem a leituras seculares...

O certo, porém, é que os livros que têm resistido ao tempo, seja na Literatura Infantil, seja na Literatura Geral são os que possuem uma essência de verdade capaz de satisfazer a inquietação humana, por mais que os séculos passem. São também os que possuem qualidades de estilo irresistíveis, cativando o leitor da primeira à última página, ainda quando nada lhe transmitam de urgente ou essencial.

De qualquer maneira, o milagre fundamental está nas mãos do autor.

Tem-se pensado que os grandes escritores poderiam, se quisessem, produzir belos livros para as crianças. Não é impossível que tal aconteça. Mas a afirmativa não pode ser considerada como rigorosamente infalível. Várias tentativas feitas provam o contrário, isto é, que nem todos os grandes escritores podem escrever para a infância.

Quando Alphonse Daudet – e que delicioso escritor, fluente, poético, brilhante e natural! – começou *Le petit chose*,[1] o livro, na intenção do autor, era dirigido às crianças. Eis que pouco a pouco tudo se complica: linguagem, fatos, pensamentos... e era uma vez um livro infantil...

---

1 "O pequeno coisa" (N. E.)

Como fazer um bom livro infantil

A quem perguntaremos como se faz um livro infantil? Nenhum autor é capaz de discriminar o processo que se opera dentro de si, num momento de criação, de modo a oferecer uma receita feliz.

Para a arte de contar histórias, existe uma receita americana: toma-se uma pessoa ou um animal, que se põe em movimento, em determinada direção. Pelo caminho, irão aparecendo objetos, paisagens... A criança que ouve a história estimulará o talento do narrador... E assim se chegará ao fim. Um fim agradável, naturalmente, com a vitória do Bem sobre o Mal.

Aos que sorrirem da receita, lembraremos um dos mais belos e recentes livros infantis, *A maravilhosa viagem de Nils Holgersson*, de Selma Lagerlöf. Aí, como nos contos de fadas, vemos o menino Nils transformar-se em "tomte", ser fabuloso e minúsculo como os liliputianos de Swift. Reduzido a essas proporções, com os dons das criaturas encantadas, ei-lo que entende a linguagem dos animais, ei-lo que parte pelo espaço agarrado ao pescoço de um ganso selvagem, ei-lo que começa a descobrir a Suécia como uma toalha quadriculada – o tabuleiro de xadrez de Alice... os canteiros de Gulliver, no país miniatural...

Assim vai o herói. E assim se vai desenrolando o livro. A técnica é realmente a da receita, – e parece fácil. Ai das supostas facilidades literárias! – Mas aqui não há nada a temer: Nils viaja com segurança, levado por Selma Lagerlöf, que lhe vai mostrando a terra, o povo, as lendas, a vida que se desdobra a seus pés em seus variados aspectos.

Não é uma principiante, nem uma escritora qualquer que se arrisca a essa alta aventura: é alguém que conhece cada palmo de sua terra e da alma de sua gente. Alguém que leu Fritiof, que ouviu histórias populares, que vive no mundo das lendas... E alguém que sabe usar as palavras com maestria, pela vasta experiência de uma longa carreira literária.

Que as crianças gostam de histórias ricas de conteúdo humano, prova-o a escolha que têm feito, através dos tempos, entre livros tão variados. Que são sensíveis à arte literária, a certos requintes de técnica, basta ouvir-se o testemunho de alguns que recordam a infância.

Não ficou brilhando na imaginação de Rénan, por toda a vida, uma frase lapidar de Fénelon? Não se deliciava Tagore com aquelas obscuridades de palavras que não entendia, mas que lhe causavam a emoção poética de viajar sobre pontes, de atravessar o vazio, de voar pelas páginas do livro...?

Um livro de Literatura Infantil é, antes de mais nada, uma obra literária. Nem se deveria consentir que as crianças frequentassem obras insignificantes, para não perderem tempo e prejudicarem o seu gosto.

Se considerarmos que muitas crianças, ainda hoje, têm na infância o melhor tempo disponível da sua vida; que talvez nunca mais possam ter a liberdade de uma leitura desinteressada, compreenderemos a importância de bem aproveitar essa oportunidade.

Se a criança, desde cedo, fosse posta em contato com obras-primas, é possível que sua formação se processasse de modo mais perfeito.

A ideia de Charles e Mary Lamb reduzindo aos seus argumentos, sob a forma de contos, as tragédias de Shakespeare sugerem o aproveitamento de outras obras literárias fundamentais, em reduções criteriosas.

Porque, assim como a sabedoria popular se foi condensando nessa Literatura Tradicional que perdura na memória humana em razão de sua utilidade profunda, também as grandes obras do engenho artístico se imortalizam pela essência que trazem, e a forma que as reveste, constituindo-se em aquisições importantes para a nossa vida. Se a Beleza é gratuita no seu aparecimento, é utilitária, em seu aproveitamento. Certos símbolos entrevistos pelos grandes autores são, também, verdades, com outra aparência; exemplos gerais, figurações da experiência do mundo, que nos acompanham para sempre, como avisos, sugestões, ensinamento.

Influência das primeiras leituras

Antes de saber ler, Walter Scott aprendera a recitar a balada de Hardyknute. E dizia mais tarde: *"It was the first ballad I have learned – the last I shall ever forget"*.[1] E não parece que toda a vida e toda a obra do grande escritor escocês se levantam dessa balada aprendida na infância, como árvore subindo de uma semente?

Inúmeros exemplos que se relacionam com as primeiras leituras reforçam a importância do problema do livro infantil. Muitos deles chegam ao nosso conhecimento apenas porque se trata de pessoas que alcançaram a celebridade e, mormente quando são escritores, que, no relato de sua vida, aludem a essas primeiras emoções.

A natureza e intensidade dessas emoções pode repercutir na vida do pequeno leitor de maneira definitiva. Não apenas ele se lembrará, até a morte, desse primeiro encantamento, como no caso de Scott; muitas vezes, a repercussão tem resultados práticos: vocações que surgem, rumos de vida, determinações futuras.

Infelizmente, do homem comum, pouco se sabe. Nem todos têm sensibilidade para recordar essas primeiras experiências da infância. Por lamentável que seja, não se pode negar que muita gente vive o resto da vida como se nunca tivesse sido criança:

---

1 "Foi a primeira balada que aprendi – a última que jamais esquecerei." (N. E.)

"começam" na adolescência, na mocidade... Haverá os que não começam nunca...

Isso não impede que as influências se exerçam, obscuras mas poderosas.

E, se vemos tantos exemplos de destinos grandiosos que derivam das primeiras leituras, por que não aceitaremos que muitos desastres humanos possam aí encontrar a sua origem?

E são novos problemas que surgem: servem os mesmos livros para todas as crianças? Qual é o herói ideal?

Ainda quando não tenham contraindicações especiais, e tratando-se de crianças sem deficiências, o que sabemos é que os mesmos livros podem exercer influências diferentes, segundo o tipo do leitor.

Quanto ao herói ideal, é difícil defini-lo, se bem que seja relativamente fácil analisá-lo, utilizando os livros infantis mais divulgados, e a opinião que as próprias crianças manifestam a respeito.

O herói do conto é o exemplo vivo sobre o qual gira o interesse do pequeno leitor.

Como conseguiu o Pequeno Polegar vencer a floresta? Como Chapeuzinho Vermelho enfrentou o lobo? Como viveu Robinson numa ilha deserta? Como venceu Pinóquio todas as tentações, até merecer passar de boneco a ser humano?

Diante de cada história, o leitor veste a pele do herói e vive sua vida, arrebatado de sensação em sensação à surpresa do desenlace.

Mas ainda mais importante que a figura do herói talvez seja o objetivo de suas ações.

Nos contos religiosos, o herói tem por finalidade essencial a santidade. Mesmo nos contos simplesmente morais é a santidade que se tem em vista: a bondade, a paciência, a compaixão, a humildade, todas as virtudes tendem à santificação, como se observa em muitas lendas. E ainda quando a história é de caráter profano, como nos contos de fadas, por detrás dos prodígios, e mau grado a intervenção de entidades fantásticas, é o aperfeiçoamento espiritual que vem facilitar todos os impossíveis, e coroar de eterna glória os vencedores.

Esse caráter é, aliás, marcadamente oriental, e poder-se-ia talvez dizer – arcaico.

O herói ocidental é o guerreiro, o batalhador, o vencedor. Não são as façanhas espirituais que o definem, mas proezas simplesmente humanas: o combate às feras, o desbravamento das selvas, habilidades de caça, descobrimentos, proezas técnicas. Herói descendente de Hércules, menos contemplativo, menos sentimental que o herói místico, porém muito mais realizador e audaz. De pés firmes na terra. Homem deste mundo.

Eis porque se pode admitir que a biografia dos grandes homens seja, na verdade, contribuição de tanto valor para a formação das crianças e compreender o interesse de Montaigne pelas *Vidas ilustres* de Plutarco.

Porque aí não se trata simplesmente de figuras criadas pela imaginação dos autores; mas de pessoas que realmente existiram e com os mais árduos elementos construíram um destino que causa admiração e inspira respeito.

Mas os tempos mudam

Mas os tempos mudam. E, ainda quando os homens não percam sua identidade, e um constante anseio de grandeza e nobreza os impulsione, há épocas de crise, em que esses valores são negados e substituídos por outros, ainda que temporários, – veementes.

Ora, se no livro infantil pode morar o exemplo que modelará o jovem leitor, – que exemplo lhe devemos oferecer? que homem desejamos que venha a ser, quando se cristalizar a sua formação, e no tempo em que tiver de atuar?

A pergunta parece grave em crises de civilização como a que atravessamos. Os valores do presente não são os do passado. Poderão ser os do futuro?

Na verdade, o século XIX, que produziu tão grande número de obras "clássicas", para a infância, foi, apesar de tudo, um século de fé e esperança. O impulso dado à ciência parecia ser em breve compensado com a conquista da felicidade terrena, por que lutara todo o século XVIII. Os últimos gritos das revoluções e as últimas lágrimas do Romantismo parecia serem em breve abafados, enxutos pelo sol das verdades positivas que traziam ao homem a chave dos seus problemas.

O século XX respondeu de maneira lúgubre a essas ansiedades. Respondeu com a voz das maiores guerras da História; e todos os instrumentos que a humanidade parecia ter à sua disposição para tornar-se próspera e feliz foram utilizados exatamente para causar-lhe as mais atrozes desgraças.

Os tipos de desinteresse e bondade foram arrastados nessa enxurrada ciclópica, e reduzidos a destroços. No desastre geral, o instinto de salvação concentrou-se no indivíduo; mas onde se procurou generosidade só se encontrou egoísmo. Os puros passaram por inúteis, e os delicados, por pusilânimes.

Dentro da subversão, palpitam infâncias: infâncias que assistem de olhos assombrados cenas que nenhum autor se atreveria a contar-lhes. Cenas vivas e vividas, – não escritas. Se o que se lê não se esquece, como se esquecerá o que se vê? E as crianças veem, dia a dia, nestes angustiosos tempos, as mais trágicas histórias. Veem-nas nas fotografias das revistas e jornais, na tela dos cinemas; ouvem-nas em descrições de rádio, nas conversas dos adultos, a cada instante, por toda parte...

Nem está mais separado o mundo dos adultos do das crianças. Acabou-se o tempo em que os parentes interrompiam a conversa, na presença de uma criança, quando a julgavam indiscreta aos seus ouvidos. Todos os fatos se comentam em voz alta, com a mais rude linguagem e as mais arriscadas conclusões.

Até as vidas respeitáveis, de chefes ilustres, de pessoas virtuosas são comentadas levianamente; malevolamente as instituições são injuriadas, sem serem discutidas; os fatos diários interpretados segundo a vontade de cada um.

"Ah, Liberdade! quantos crimes se praticam em teu nome..."

Todos se julgam não apenas com o direito de pensar, mas de pensar falso. E de agir a seu modo, isto é, – como parecer, ao seu egoísmo, mais conveniente.

Abusando das conquistas da ciência, todos se apressam a encarar com superioridade suas deficiências, considerando-as complexos causados pelos outros, e todos procuram excluir o arrependimento, nem que tenham de aniquilar a consciência.

Que leituras daremos às crianças deste século?

Se a criança participa desse caótico mundo, as leituras até aqui usadas não têm razão de ser. No entanto, se as tentarmos utilizar, a reação das crianças será mais de desprezo pelo livro, que lhes parecerá ingênuo e inatual.

Mas, se a criança pudesse aceitar o exemplo – e em alguns casos, o ambiente, a família, a escola podiam favorecê-la, e contrapor-se a outras influências – dada a marcha do mundo, e considerando-se que o homem é um ser social, – que consequências aguardam, no futuro, os que não se comprometerem com a corrupção do presente? Que cordeiros iremos preparar para tantos lobos?

Além disso, o efeito do livro infantil é prejudicado por fatores aparentemente inocentes. Os anúncios dos bondes; os cartazes dos muros; as fotografias vastamente difundidas por todas as publicidades; – pelos assuntos de que tratam; ou os aspectos que apresentam, pela linguagem que usam, e a aceitação que têm, contribuem para desorientar os que se encontrarem sob a ação benéfica do último livro cuidadosamente escolhido.

Nem estamos livres de que uma geração resguardada por milagre das influências caóticas nos viesse lançar em rosto esse trabalho de salvação, arguindo-nos de causadores da sua inferioridade prática por lhe termos impedido arrojar-se na onda avassaladora que passa...

Onde está o herói?

Não, o nosso herói contemplativo não é o herói do dia. O infatigável Hércules, ardentemente empenhado em seu destino de servir, também não é a última atração.

Quando os bons são considerados fracos, e os trabalhadores passam por tolos; quando os maus caminham de triunfo em triunfo, sem anjo, fada ou justiça que lhes intercepte o caminho; quando a virtude parece ridícula e o instinto de gozo se confunde com Direito e Liberdade, é desanimador pensar nos benefícios da Literatura Infantil.

Sede bons, generosos, verdadeiros, e alcançareis a glória dos mártires, – dizem os antigos exemplos.

Sede justos, heroicos, leais, e morrereis na humilhação, mas o futuro vos exaltará...

Como soam essas palavras estranhamente no mundo de hoje, mundo de velocidade e conforto, onde todos pretendem a felicidade material, e o eterno foi substituído pelo imediato?

Ah! não batem as horas de hoje nos antigos relógios... Que menino quer vencer as tentações para conseguir a sabedoria? Que menina será capaz de amar as feras por piedade, e desencantá-las por amor?

O herói saiu das páginas dos livros e campeia aos nossos olhos, opulento e vaidoso: é o tipo que os jornais aplaudem, que em lugar de coragem tem atrevimento; em lugar de inteligência, esperteza; em lugar de sabedoria, habilidade...

Eis como o herói se tornou bandido. Bandido feliz, de pistolas invencíveis.

Eis como o herói se transformou em aventureiro sem escrúpulos, salteador de todos os bancos, contrabandista de todos os assuntos, ladrão elegante e assassino por esporte.

Porque não se pode perder de vista o romance policial. E o romance policial é, fundamentalmente, uma história de crime, sendo dos livros mais lidos e apreciados nos tempos que correm.

Por mais que os seus aficionados se refiram ao engenho desses romances, por mais que aludam ao exercício de raciocínio que representam, por mais que o comparem a jogos matemáticos, – nada faz perder de vista o crime básico.

Sim, mas trata-se de descobri-lo e puni-lo. O herói do romance policial é o detetive. Pode ser essa a intenção do autor. Mas, entre os mil detetives necessários ao descobrimento do crime, e o criminoso que com tanto engenho o praticou, é natural que o herói seja o segundo; e que o mistério e o perigo contribuam para aumentar a sua fascinação.

No entanto, conta-nos um autor chinês que a primeira sentença nos velhos livros de leitura de seu país afirma: "O homem é, por natureza, bom".

Lição de otimismo, que precisamos cultivar.

Bibliotecas Infantis

A formação das Bibliotecas Infantis corresponde a uma necessidade do nosso tempo, visto não existirem mais amas nem avós que se interessem pela doce profissão de contar histórias. Restam, é verdade, as "horas do conto", em algumas escolas e estações de rádio. Mas compreende-se que não é a mesma coisa contar uma história a propósito, no momento oportuno, ou segundo um determinado horário... As histórias contadas pelo rádio têm ainda a desvantagem da ausência do narrador. O oral completa-se com o visual. Não é só a história que importa: é a maneira de contá-la. São as expressões fisionômicas, a voz, os trejeitos, as onomatopeias, toda a dramatização...

As Bibliotecas Infantis correspondem a uma necessidade da época, e têm a vantagem não só de permitirem à criança uma enorme variedade de leituras mas de instruírem os adultos acerca de suas preferências. Pois, pela escolha feita, entre tantos livros postos a sua disposição, a criança revela o seu gosto, as suas tendências, os seus interesses.

Compõem-se as Bibliotecas Infantis de todos os livros clássicos, e dos que se vão incorporando a essa coleção. Deviam ser anotadas as preferências das crianças sobre essas leituras, para informação dos que se dedicam ao estudo do assunto.

Por essas informações se chegaria a saber com segurança o que mais interessa ao jovem leitor, segundo o sexo e a idade. As pesquisas até agora realizadas já mostram que há um tempo para as histórias de fadas como há um tempo para as aventuras, as viagens, as leituras de tipo científico. Há mesmo uma curva de preferências, que não é a mesma nos dois sexos.

Essas informações ajudariam a classificação dos livros, facilitando o acesso às estantes.

Outra pesquisa curiosa seria a do tamanho dos livros, em relação à preferência do leitor. Pois em alguns casos parece que um pequeno volume lhe inspira grande confiança pela possibilidade de percorrê-lo todo em pouco tempo; noutros, parece que os volumes robustos conferem ao leitor, mais que à leitura, uma certa seriedade e importância...

Seria interessante, também, observar o papel das ilustrações nos livros infantis.

Para os pequeninos leitores, a boa lei parece ser a de grandes ilustrações e pequenos textos. Grandes e boas ilustrações, – pois à criança só se devia dar o ótimo.

Já noutras leituras, mais adiantadas, quando a ilustração não exerça papel puramente decorativo, na ornamentação do texto, talvez se devesse restringir às passagens mais expressivas ou mais difíceis de entender sem o auxílio da imagem – como quando se trata de um país estrangeiro, com flora e fauna desconhecida, costumes e tipos exóticos.

O cinema talvez tenha acentuado demasiadamente a lição visual. Nós, que já tínhamos aprendido o exercício da imaginação, e o raciocínio com ideias, voltaremos a pensar só com os objetos presentes, sem os podermos transformar em palavras?

Este é um dos perigos a assinalar nas discutidas histórias em quadrinhos.

Quanto à qualidade dos desenhos, talvez seja interessante averiguar o gosto das crianças pelos desenhos simplificados de ilustradores modernos, ainda que seja indiscutível o seu valor artístico no mundo dos adultos.

Que certos desenhos de crianças se assemelhem aos dos artistas modernos não é razão para que a criança os prefira.

De uns para outros vai grande distância. No desenho infantil, a impossibilidade de resolver certos pormenores técnicos obriga a simplificação que a criança, com a sua autocrítica, considera imperfeições. Sua intenção é realista; mas, por deficiência de meios, recorre a certas convenções, para exprimir-se. O artista, exausto de técnicas e nostálgico da ingenuidade primitiva, chega a esses resultados por um caminho oposto, pela renúncia à maestria, reconstituindo o mundo de memória, com uma visão purificada, que o aproxima artificialmente da infância.

Por seu gosto realista, e sua curiosidade pelas minudências de um mundo que recentemente começou a conhecer, é natural que a criança goste dos desenhos prolixos, que reproduzem os objetos com todos os seus fulgores e caprichos, seu caráter e sua expressão.

Finalmente, haveria que falar das revistas infantis, problema extremamente difícil de resolver, sem estudos prévios do público a que se destina, e dos recursos comerciais para mantê--las sempre à altura dos seus leitores.

Crise da Literatura Infantil

A crise da Literatura Infantil é uma consequência da crise geral em que nos debatemos. No entanto, nunca foi tão necessário traçar normas que conduzissem a criança de hoje a uma formação que, sem lhe roubar esse alimento indispensável das obras eternas, lhe assegurasse um poder de flexibilidade de espírito para compreender as situações que terá de enfrentar dia a dia, no futuro, e entre as quais deverá acomodar harmoniosamente sua vida.

Poder-se-ia sugerir uma literatura de base universal, utilizada por todas as crianças do mundo? Não é sugestão muito ambiciosa, hoje que nos encontramos todos tão próximos, ligados pela facilidade das comunicações internacionais, e em que sentimos que todos os problemas de cada um dependem dos problemas de todos.

Universalizar a Literatura Infantil, dando-lhe um conteúdo que ajude à formação desse "humanismo" de que sentimos tanta falta nas gerações destes últimos tempos...

Organizar grandes antologias talvez fosse uma contribuição feliz para colocar as mais belas páginas do mundo ao alcance de todas as crianças.

Biografias de grandes vultos contemporâneos, que atuassem com a força de uma realidade próxima, palpitante, em continuação às vidas ilustres do passado...

As maravilhas da ciência prosseguindo pelo caminho que Verne modestamente iniciou...

Tudo, porém, já está feito, – dir-se-á. De certo modo, é verdade. Mas a crise do livro infantil não é uma crise de carência.

Ao contrário, é de abundância. De tudo temos, e, no entanto, a criança cada vez parece menos interessada pela leitura. O cinema, o rádio, o noticiário rápido das revistas, tudo a traz ao corrente das últimas atualidades: mas em tom anedótico, sem lhe solicitar profunda reflexão nem lhe inspirar grande respeito. O mundo vai acontecendo em redor dela, e de certo modo parece um espetáculo absurdo, mas de que o homem consegue tirar vantagens, instantâneas e opulentas.

A propósito de grandes antologias, não queremos esquecer a que há tempos organizou no Chile o professor e poeta H. Diaz Casanueva. Partindo do folclore do seu país, como base das primeiras comunicações literárias da criança, selecionou o autor, na segunda parte de seu livro, composições de *"materia objetiva, llena de colorido y fuguración plástica"*[1] destinada a crianças mais crescidas. Mas são composições assinadas por autores como Rubén Darío, Gabriela Mistral, Juana de Ibarbourou, entre os da América; e estrangeiros como Villaespesa, Juan Ramón Jiménez, Luis de Góngora, de Espanha; pelo hindu Rabindranath Tagore, pelo japonês Arakida Moritaké... Finalmente, na terceira parte, elevam-se as vozes de Longfellow e Maeterlinck, Verlaine e Iessenine, Kierkegaard e Walt Whitman, Rimbaud e Apollinaire, Ada Negri, Ibsen, Rilke, Mallarmé...

Bela tentativa, a de antologias dessa espécie, em que a mais alta poesia é oferecida à criança, corrigindo uma das falhas mais constantes das bibliotecas infantis.

Também Alejandro Casona, tão conhecido entre nós como dramaturgo, realizou há tempos uma antologia das grandes lendas da Humanidade. Das suas lendas básicas, – poder-se-ia dizer. Nesse pequeno volume, *Flor de leyendas*, reuniu

---

1 "Matéria objetiva, cheia de colorida figuração plástica" (N. E.)

Casona as páginas mais características da literatura mundial: ao lado da lenda de Sakúntala, a de Lohengrin; junto de Heitor e Aquiles, os Nibelungos...

E por ser *Sakúntala* uma obra-prima do velho teatro hindu, ocorre-nos dizer que a Literatura Infantil não se refere só aos livros em prosa e verso, mas às representações, feitas por adultos para as crianças, ou pelas próprias crianças, quer em teatro vivo quer em teatros de bonecos.

Mas um livro existe que ainda não foi aqui referido, e merece lugar proeminente nas bibliotecas infantis: o dicionário ou a enciclopédia. Não há outro mais instrutivo nem poético, apesar da aparente severidade, e se for tratado com ternura. Porque é preciso uma ternura, para tratar os livros, como se fossem pessoas.

Dicionários e enciclopédias adquiriram má fama. Os preguiçosos, frequentemente, dizem mal dos grandes trabalhadores...

Ah! essas palavras ao lado umas das outras como retratos numa galeria... Cada qual com sua história, sua família, seu destino...

Que mundo de sonho nas belas enciclopédias que dizem sua experiência por este vasto mundo humano... Da ciência às artes, às indústrias, às técnicas, que surpreendentes viagens, num simples volver de páginas...

Na explicação da origem, do significado, da evolução, do emprego das palavras é que o dicionário, sabiamente utilizado, pode ser de resultados prodigiosos, não para formar pedantes, mas um pouco para corrigir essas misérias da linguagem, muitas vezes oriundas de infâncias em que a ternura, para ser mais veemente, obriga os pais a conversarem com os filhos em geringonças de bugres...

E porque estamos viciados de imagens, de legendas mal traduzidas, nos cinemas; de anúncios em cassange, emboscados em todas as esquinas...

E porque precisamos pensar e exprimir o pensamento. Porque precisamos ser lúcidos e exatos. O mundo sofre por uma imperfeita comunicabilidade dos homens. Não dizemos o que pensamos? Ou não pensamos o que dizemos? E é Talleyrand que nos inspira, ou simplesmente a nossa carência de recursos?

Não será inoportuno encerrar estas considerações sobre Literatura Infantil com os versinhos atribuídos à inditosa Bárbara Heliodora:

> "Meninos, eu vou ditar
> as regras do bom viver;
> não basta somente ler,
> é preciso meditar,
> que a lição não faz saber:
> quem faz sábios é o pensar."

Cronologia

1901

A 7 de novembro, nasce Cecília Benevides de Carvalho Meirelles, no Rio de Janeiro. Seus pais, Carlos Alberto de Carvalho Meirelles (falecido três meses antes do nascimento da filha) e Mathilde Benevides. Dos quatro filhos do casal, apenas Cecília sobrevive.

1904

Com a morte da mãe, passa a ser criada pela avó materna, Jacintha Garcia Benevides.

1910

Conclui com distinção o curso primário na Escola Estácio de Sá.

1912

Conclui com distinção o curso médio na Escola Estácio de Sá, premiada com medalha de ouro recebida no ano seguinte das mãos de Olavo Bilac, então inspetor escolar do Distrito Federal.

1917

Formada pela Escola Normal (Instituto de Educação), começa a exercer o magistério primário em escolas oficiais do Distrito. Estuda línguas e em seguida ingressa no Conservatório de Música.

1919

Publica o primeiro livro, *Espectros*.

1922

Casa-se com o artista plástico português Fernando Correia Dias.

1923

Publica *Nunca mais...* e *Poema dos poemas.* Nasce sua filha Maria Elvira.

1924

Publica o livro didático *Criança meu amor...* Nasce sua filha Maria Mathilde.

1925

Publica *Baladas para El-Rei.* Nasce sua filha Maria Fernanda.

1927

Aproxima-se do grupo modernista que se congrega em torno da revista *Festa.*

1929

Publica a tese *O espírito vitorioso.* Começa a escrever crônicas para *O Jornal,* do Rio de Janeiro.

1930

Publica o ensaio *Saudação à menina de Portugal.* Participa ativamente do movimento de reformas do ensino e dirige, no *Diário de Notícias,* página diária dedicada a assuntos de educação (até 1933).

1934

Publica o livro *Leituras infantis,* resultado de uma pesquisa pedagógica. Cria uma biblioteca (pioneira no país) especializada em literatura infantil, no antigo Pavilhão Mourisco, na praia de Botafogo. Viaja a Portugal, onde faz conferências nas Universidades de Lisboa e Coimbra.

1935

Publica em Portugal os ensaios *Notícia da poesia brasileira* e *Batuque, samba e macumba.*

Morre Fernando Correia Dias.

Nomeada professora de literatura luso-brasileira e mais tarde técnica e crítica literária da recém-criada Universidade do Distrito Federal, na qual permanece até 1938.

1937

Publica o livro infantojuvenil *A festa das letras*, em parceria com Josué de Castro.

1938

Publica o livro didático *Rute e Alberto resolveram ser turistas*. Conquista o prêmio Olavo Bilac de poesia da Academia Brasileira de Letras com o inédito *Viagem*.

1939

Em Lisboa, publica *Viagem*, quando adota o sobrenome literário Meireles, sem o *l* dobrado.

1940

Leciona Literatura e Cultura Brasileiras na Universidade do Texas, Estados Unidos. Profere no México conferências sobre literatura, folclore e educação.

Casa-se com o agrônomo Heitor Vinicius da Silveira Grillo.

1941

Começa a escrever crônicas para *A Manhã*, do Rio de Janeiro. Dirige a revista *Travel in Brazil*, do Departamento de Imprensa e Propaganda.

1942

Publica *Vaga música*.

1944

Publica a antologia *Poetas novos de Portugal*. Viaja para o Uruguai e para a Argentina. Começa a escrever crônicas para a *Folha Carioca* e o *Correio Paulistano*.

1945

Publica *Mar absoluto e outros poemas* e, em Boston, o livro didático *Rute e Alberto*.

1947

Publica em Montevidéu *Antologia poética (1923-1945).*

1948

Publica em Portugal *Evocação lírica de Lisboa.* Passa a colaborar com a Comissão Nacional do Folclore.

1949

Publica *Retrato natural* e a biografia *Rui: pequena história de uma grande vida.* Começa a escrever crônicas para a *Folha da Manhã,* de São Paulo.

1951

Publica *Amor em Leonoreta,* em edição fora de comércio, e o livro de ensaios *Problemas da literatura infantil.*

Secretaria o Primeiro Congresso Nacional de Folclore.

1952

Publica *Doze noturnos da Holanda & O Aeronauta* e o ensaio "Artes populares" no volume em coautoria *As artes plásticas no Brasil.* Recebe o Grau de Oficial da Ordem do Mérito, no Chile.

1953

Publica *Romanceiro da Inconfidência* e, em Haia, *Poèmes.* Começa a escrever para o suplemento literário do *Diário de Notícias,* do Rio de Janeiro, e para *O Estado de S. Paulo.*

1953-1954

Viaja para a Europa, Açores, Goa e Índia, onde recebe o título de Doutora *Honoris Causa* da Universidade de Delhi.

1955

Publica *Pequeno oratório de Santa Clara, Pistoia, cemitério militar brasileiro* e *Espelho cego,* em edições fora de comércio, e, em Portugal, o ensaio *Panorama folclórico dos Açores: especialmente da Ilha de S. Miguel.*

1956

Publica *Canções* e *Giroflê, giroflá.*

1957

Publica *Romance de Santa Cecília* e *A rosa*, em edições fora de comércio, e o ensaio *A Bíblia na poesia brasileira*. Viaja para Porto Rico.

1958

Publica *Obra poética* (poesia reunida). Viaja para Israel, Grécia e Itália.

1959

Publica *Eternidade de Israel.*

1960

Publica *Metal rosicler.*

1961

Publica *Poemas escritos na Índia* e, em Nova Delhi, *Tagore and Brazil.*
Começa a escrever crônicas para o programa *Quadrante*, da Rádio Ministério da Educação e Cultura.

1962

Publica a antologia *Poesia de Israel.*

1963

Publica *Solombra* e *Antologia poética*. Começa a escrever crônicas para o programa *Vozes da cidade*, da Rádio Roquette-Pinto, e para a *Folha de S.Paulo.*

1964

Publica o livro infantojuvenil *Ou isto ou aquilo*, com ilustrações de Maria Bonomi, e o livro de crônicas *Escolha o seu sonho.*
Falece a 9 de novembro, no Rio de Janeiro.

1965

Conquista, postumamente, o Prêmio Machado de Assis da Academia Brasileira de Letras, pelo conjunto de sua obra.

Conheça outras obras de Cecília Meireles publicadas pela Global Editora:

O Aeronauta
Amor em Leonoreta
Baladas para El-Rei
Canções
Cânticos
Crônica trovada da cidade de Sam Sebastiam
Crônicas de educação (5 volumes)
Crônicas de viagem (3 volumes)
Doze noturnos da Holanda
Espectros
Mar absoluto e outros poemas
Metal Rosicler
Morena, pena de amor
Nunca mais... e Poema dos poemas
Pequeno oratório de Santa Clara, Romance de Santa Cecília e Oratório de Santa Maria Egipcíaca
Pistoia, Cemitério Militar Brasileiro
Poemas de viagens
Poemas escritos na Índia
Poemas italianos
Retrato natural
Romanceiro da Inconfidência
Solombra
Sonhos
Vaga música
Viagem